난을 치다,
난장을 치다

난을 치다,
난장을 치다

최주철 지음

KSI 한국학술정보㈜

고향집 통영 도천동에서 박경리 기념관, 전혁림 미술관, 김춘수 유
품 전시관은 차로 30분 거리이다. 아름다운 자연 속에서 성장할 수
있었고 통영인의 기질을 물려받은 것은 축복이라고 할 수 있다.

통영은 예술의 도시이다. 윤치환, 유치진, 김춘수, 박경리 등 우리
문학과 예술계의 거목들이 많이 태어나거나 머무른 곳이다. 고향이
통영이라고 하면 다들 부러워한다. 고향 통영이 아름답다는 것을 방
문할 때마다 새삼 느낀다. 예술적 기질은 없지만 감성이 풍부한 것은
통영에서 태어났기 때문인 것 같다.

영화에 빠져 한때 영화 마니아였던 적이 있었다. 종로의 서울, 단
성사, 피카디리, 허리우드 극장, 충무로와 을지로의 국도, 스카라, 명
보, 대한극장을 휘젓고 다녔다. 이젠 영화보다는 책을 좋아하게 되었
다. 책을 가까이 한다고 해서 책에 파묻혀 사는 것은 아니다. 글을 쓰
기 위해 다독을 한다고 볼 수 있다.

『신』의 작가 베르테르가 왜 쓰느냐는 질문에 자신은 평생 '불안증'

이 있는데 그것을 이겨 내려고 매일 글을 쓴다고 대답했다. 고백하건대, 분노와 스트레스를 풀기 위해 써댔다. 쓰고 싶기는커녕 쓴다고 생각하면 예나 이제나 끔찍하다. 쓰는 건 끔찍하지만 쓰지 않으면 기분이 꿀꿀하고 답답하다. 이해관계에 얽히고설켜 있어 부정(不正)을 보고 아무 말도 못하는 현실에서 글로써 난장을 치고 싶었다. 그러나 비판적인 글을 쓴다는 것이 말처럼 쉽지 않았다.

정의·공정·신의보다 더 중요한 것은 승리, 즉 과정이 어떻든 간에 결과만 좋으면 된다는 세상에 살고 있다. 특권의식을 가진 특권층의 부도덕한 행동은 상상을 초월하고 정치현실은 냉혹하고 지독하다. 드라마 '자이언트', '대물'은 소설 같은 이야기일 수 있지만 현실에 일어나는 다큐멘터리이다.

'난을 치다'라는 멋들어진 표현이 있다. '치다'는 말이 아무리 횡행해도 '난을 치다'만큼 고상하고 기품 있는 말은 드물다. 고상하게 난을 치는 것이 아니라 특권층의 부도덕한 언행에 치열하게 전투적으로 난장을 쳤다.

시(詩)를 쓰되 좀스럽게 쓰지말고 똑 이렇게 쓰랏다/내 어쩌다 붓끝이 험한 죄로 칠전에 끌려가/볼기를 맞은지도 하도 오래라 삭신이 근질근질/방정맞은 조동아리 손목댕이 오물오물 수물수물/뭐든 자꾸 쓰고 싶어 견딜 수가 없으니, 에라 모르겠다/볼기가 확확 불이나게 맞을 때는 맞더라도/내 별별 이상한 도둑이야길 하나 쓰것다.

김지하 시인은 재벌, 국회의원, 고급공무원, 장성, 장차관을 오적으로 칭하고 풍자했다. 1970년 때 당대의 모순과 부조리를 통렬히 고발했다. 훗날 김지하 시인은 "오적이 있으니까 오적을 썼다."고 했다.

40년이 지난 2011년 오적은 없어졌나? 아니다. 금피아, 모피아도 등장했다. '세련된 오적(五賊)'이 국민을 분노케 한다. '세련된 오적이 난장판을 치니 난장이라는 글을 쓰게 되었다'고 할 수 있다. 시인도 아니고, 탁월한 글쟁이도 아니지만 사회 지도층이 난장 치는 것을 있는 그대로, 이해관계에 얽히고설켜 적당히 봐주는 것이 아니라 이중성을 있는 그대로 표현하고 싶었다.

"유권자여, 볼륨을 높여라(Pump Up The Volume)!"라고 주문을 하기도 했다. 정치인의 의정활동에 평소 관심을 가지고 비판의 소리를 높이라는 것이다. 비난·헐뜯기가 아니라 정당한 정치행위를 하지 않을 때 비판을 해야 한다. 그러나 현실정치에서 유권자는 말할 것도 없고, 당원들이 의원을 비판하기가 쉽지 않다.

　정치가 무엇이냐고 묻는다면 어느 누구도 선뜻 대답을 하지 못할 것이다. 예측불허하고 복잡한 정치 현상에 대해 규정하기가 어렵고 얽히고설킨 이해관계에 따라 시각을 달리하기 때문이 아닐까 싶다. 칼럼을 쓰면서 정치를 알아 가는 것이 아니라 미로 속에서 헤매는 자신을 보게 되었다.

　초심을 잃지 않고 민심을 헤아리는 것이 정치의 본령이 되어야 할 것이라는 믿음을 갖고 있다. 민심을 얻지 못하는 정치는 존립 자체가 어렵다고 본다. 물이 배를 띄울 수도 있고 배를 뒤엎을 수도 있듯이 민심은 정치인에게 무섭게 다가온다. 세상을 바꾸는 도전과 혁신은 사회의 '주류'가 아닌 '변두리'에서 나온다.

역사는 일을 '저지르는' 리더들에 의해 쓰인다. 손해 보고 욕먹을 걸 뻔히 알면서도 대의(大義)를 위해 저지르려는 사람들이 있기에 역사는 진보한다. 하지만 언제부터인가 우리 사회는 소신 있는 리더를 찾아보기 힘들어졌다. 소신 없이 구태를 따르는 정치인들 보면서 신념을 꿋꿋하게 지켜내는 정치인이 되고 싶다는 생각을 여러 번 하였다.

도스토옙스키는 "내가 두려워하는 이유는 오직 하나, 내가 고통을 겪을 만한 가치조차 없는 존재가 되지 않을까 하는 점"이라고 했다. 인간 존재의 가치가 바로 고통에 있다는 것을 강조한 말이다. 글을 쓰는 것도, 사는 것도 고통이다. 분노와 상처의 고통, 배반과 증오의 고통, 가난과 좌절의 고통이 있었기에 도전을 멈추지 않았다. 새로운 도전을 위해 끊임없이 노력하라고 도움과 용기를 북돋워 주신 모든 분에게 고개 숙여 깊은 감사의 인사를 드린다.

부족한 대로 한 권의 책으로 정리하여 책을 펴내게 용기를 주신 분들이 있었기에 『난을 치다, 난장을 치다』 책이 세상에 나올 수 있었다. 모자람에 부끄럼을 숨길 수가 없다. 실속 없는 남편을 만나 고생하는 아내를 생각할 때 마음이 무겁다. 착실하고 사랑스러운 아내, 귀엽고 똑똑한 딸, 늘 자식 걱정하는 부모님께 감사의 마음을 전하고 싶다.

뭔가를 한없이 긁적여 나간 동안, 내 자신이 치유받는다는 것에 행복했다. 앞으로도 뭔가를 한없이 긁적이고 싶다.

CONTENTS

▌파리의 택시운전사는 88만 원?

　"책장을 여는 건 여자의 다리를 벌리는 것과 같다. 지식이 내 눈앞에 드러난다는 점에서 그렇다. 모든 책들은 각각 제 나름의 냄새를 지니고 있다. 책을 하나 열고 숨을 들이쉬면 잉크의 냄새를 맡을 수 있는데, 책마다 그 냄새가 다르다. 아무리 바보스러운 책이라도 처음 그 책을 여는 순간엔 내게 기쁨을 준다."

　평생 뭇 여성을 사랑하다 연적과의 결투에서 얻은 상처로 사망한 푸슈킨다운 비유다.

　'삶이 그대를 속일지라도'라는 시로 우리에게 친숙한 러시아 작가이다. 평소 시(詩)나 문학에 관심이 별로 없는 사람이라 하더라도, 푸슈킨에 관해 잘 모르는 사람이라 하더라도 이 유명한 시는 접해 보지 않았을까 싶다.

　책 이야기를 하는 이유가 있다. 『나는 빠리의 택시운전사』, 『생각의 좌표』 저자 홍세화 씨 강의와 『88만 원 세대』의 출간으로 명성을 얻은 우석훈 씨의 강의를 운 좋게 들었는데 두 분 다 책읽기와 글쓰

내팽개치고 가진 게 권력과 돈이라 자기 자식들은 어떻게든 외국을 마다않고 좋은 학교에 보낸다. 학력세습이 이루어지는 현실에서 개천에서 용 나기는 글렀다.

홍세화, 우석훈 씨는 진보세력이라고 할 수 있다. 우석훈 씨는 강의 중에 우스갯소리로 '강남좌파'라는 소리가 듣기 싫어 강남에서 종로로 이사했다고 한다. 그들의 강의를 들으면 이해가 가는 구석도 있지만 생각의 차이를 느낄 수 있었다. 굳이 이데올로기를 끌어들이지 않더라도 모든 사람이 똑같은 생각을 할 수는 없다.

부천시는 유난히 진보세력의 기가 세다. 진보세력의 기가 센 만큼 부천시가 타 시보다 차별화된 것을 느끼지 못하는 것도 사실이다. 서점에도 진보세력의 판이고, 강연도 진보세력의 판이다. 바보 보수, 게으른 보수보다 똑똑한 진보, 부지런한 진보에 표 쏠림이 있을까 봐 두렵다. 총선·대선 이대로 가다간 보수세력은 진보세력에게 모든 것을 넘겨줄 수밖에 없다.

새가 두 날개로 날듯이 한쪽으로 기울거나 치우치면 탈이 생길 수밖에 없다. 부천시에서 보수성향 강사로부터 강의를 들을 수 있을까? 이념의 균형을 위해서 부천시민에게도 필요하다. 보수와 진보는 어느 사회건 공존할 수밖에 없다.

▎파리의 택시운전사는 88만 원?

"책장을 여는 건 여자의 다리를 벌리는 것과 같다. 지식이 내 눈앞에 드러난다는 점에서 그렇다. 모든 책들은 각각 제 나름의 냄새를 지니고 있다. 책을 하나 열고 숨을 들이쉬면 잉크의 냄새를 맡을 수 있는데, 책마다 그 냄새가 다르다. 아무리 바보스러운 책이라도 처음 그 책을 여는 순간엔 내게 기쁨을 준다."

평생 뭇 여성을 사랑하다 연적과의 결투에서 얻은 상처로 사망한 푸슈킨다운 비유다.

'삶이 그대를 속일지라도'라는 시로 우리에게 친숙한 러시아 작가이다. 평소 시(詩)나 문학에 관심이 별로 없는 사람이라 하더라도, 푸슈킨에 관해 잘 모르는 사람이라 하더라도 이 유명한 시는 접해 보지 않았을까 싶다.

책 이야기를 하는 이유가 있다. 『나는 빠리의 택시운전사』, 『생각의 좌표』 저자 홍세화 씨 강의와 『88만 원 세대』의 출간으로 명성을 얻은 우석훈 씨의 강의를 운 좋게 들었는데 두 분 다 책읽기와 글쓰

15

기를 강조했다. 또한 우리나라의 교육 문제를 꼬집었다.

'홍세화 강연'을 부천시민학습원에서 들었고, '우석훈 강연'은 복사골문화센터에서 들었다. 두 강연을 듣는 날은 비가 적지 않게 왔다. 높아진 기온과 습도에 짜증지수가 높았지만 만사를 제쳐 놓고 달려간 이유는 그들의 칼럼을 읽으면서 기회가 주어진다면 저자를 만나고 싶었기 때문이다.

홍세화 씨는 강의 중에 조·중·동, 보수당 한나라당 비판을 서슴지 않았다. 납득이 가는 논리에 불쾌하지는 않았다. 수강자들의 눈은 초롱초롱했고 달변에 시간가는 줄 몰랐다. 홍세화 씨의 '생각의 주머니'라는 표현이 깊이 각인되었다.

홍세화 씨는 "한국에서는 책을 읽지 않아도 스스로 무식하다고 생각하지 않는다. 왜냐하면 생각의 주머니가 빵빵하게 채워져 있기 때문이다. 옛날 사람은 책을 읽지 않을 경우 '나는 무식하다'고 주저 없이 인정했는데, 요즘은 책을 읽지 않아도 '무식'하다고 인정하지 않는 경향이 있다. '생각의 주머니'가 헐렁하면 뭔가를 집어넣으려고 할 텐데, 이미 빵빵하게 채워진 생각을 갖기도 하고, 착각에 빠져 고집을 부린다."고 했다.

아울러 "글쓰기를 잘하기 위해서는 책을 읽고 토론을 해야 한다. 내가 독서의 주체, 토론의 주체이다. 여러분이 갖고 있는 한국 사회에 대한 비판적 안목은 어떻게 생겼나? 암기를 통해서? 불가능한 얘기다."라며 글쓰기를 강조했다.

한국에서 인문·사회과학을 '암기 과목'이라고 치부하고 우리는 암기만 한다. 우리는 좋은 대학을 가기 위해 죽어라 암기할 때 유럽의 아이들은 글쓰기를 한다고 한다. 철학만 글쓰기로 평가하는 게 아니고, 역사와 사회과목에서도 글쓰기가 중요하다는 것이다.

올바른 진로지도에 관심 있는 교사 및 학부모가 대상인 우석훈 씨의 강의는 홍세화 씨와 다른 매력이 있었다. 수강자가 70명이라면 남자는 세 명 정도였다. 사실 우석훈 씨의 강의에 관심이 많아 많은 분들이 수강할 줄 알았는데 그렇게 많지 않아 놀랐다. 자녀 교육이라면 물불을 가리지 않는 부모가 한둘인가.

'학원 보내지 마라', '책을 많이 읽도록 하라'는 말로 강의를 함축할 수 있다. 학벌 사회로부터 벗어날 수 없는 현실에서 '자식들 학원 보내지 마라'는 말에 동의하며 학원 보내지 않을 강심장을 가진 부모가 얼마나 될까. 암기기계가 돼 명문대 들어가면 부와 명예와 권력을 독점하다시피 하는 현실에서 명문대를 포기하고 창의성을 위해 책을 읽고 글쓰기에 치중하라고 할 수 있을까?

책을 많이 읽고 글쓰기를 잘하면 명문대 갈 수도 있지만 암기기계가 돼야 명문대 갈 수 있는 가능성이 높다고 생각하는 것이 문제일 수 있다. 논술마저 암기교육시키는 우리나라를 보면 할 말이 없다. 교육경쟁에서 승리한 자에게 돌아가는 몫이 크다 보니 서로 1등만 하려고 하고, 기를 쓰고 명문대를 들어가려고 한다. 우리나라가 이렇게 살게 된 것이 교육 탓이라고 하지만 교육 때문에 사회가 멍들고 아이들 영혼이 파괴되고 있다.

교육이 정치에 휘둘리거나 이용당하지 않고 교육 본래의 독자성을 지켜야 하는데, 한마디로 교육이 정치의 시녀가 돼 고통받고 혼란스럽고 이리저리 내몰리는 것은 학생들과 부모들이다. 인간답게 살고자 교육을 받는데 교육이 오히려 인간답게 살지 못하게 한다.

국회의원, 고위 공무원, 교육계 권력자들은 우리나라 교육현실을 내팽개치고 가진 게 권력과 돈이라 자기 자식들은 어떻게든 외국을 마다않고 좋은 학교에 보낸다. 학력세습이 이루어지는 현실에서 개천에서 용 나기는 글렀다.

홍세화, 우석훈 씨는 진보세력이라고 할 수 있다. 우석훈 씨는 강의 중에 우스갯소리로 '강남좌파'라는 소리가 듣기 싫어 강남에서 종로로 이사했다고 한다. 그들의 강의를 들으면 이해가 가는 구석도 있지만 생각의 차이를 느낄 수 있었다. 굳이 이데올로기를 끌어들이지 않더라도 모든 사람이 똑같은 생각을 할 수는 없다.

부천시는 유난히 진보세력의 기가 세다. 진보세력의 기가 센 만큼 부천시가 타 시보다 차별화된 것을 느끼지 못하는 것도 사실이다. 서점에도 진보세력의 판이고, 강연도 진보세력의 판이다. 바보 보수, 게으른 보수보다 똑똑한 진보, 부지런한 진보에 표 쏠림이 있을까 봐 두렵다. 총선·대선 이대로 가다간 보수세력은 진보세력에게 모든 것을 넘겨줄 수밖에 없다.

새가 두 날개로 날듯이 한쪽으로 기울거나 치우치면 탈이 생길 수밖에 없다. 부천시에서 보수성향 강사로부터 강의를 들을 수 있을까? 이념의 균형을 위해서 부천시민에게도 필요하다. 보수와 진보는 어느 사회건 공존할 수밖에 없다.

▌피감기관 돈으로 해외연수 간 의원은?

"남세스럽다. 피감기관, 니들이 고생이 많다."

등록금을 벌려다 아르바이트 현장에서 참변을 당한 대학 휴학생의 비극으로 '비싼 등록금' 때문에 고통받는 대학생들의 현실을 여실히 알 수 있었다. 누구나 가슴이 아팠을 것이다. 강화도 해병 부대의 총기 난사로 아들을 잃은 부모의 눈물을 보면서 마음이 또 애잔했다. 평창이 2전(顚)3기(起) 만에 2018년 겨울올림픽 유치에 성공한 낭보가 전해지는 순간엔 행복했다.

변덕스러운 날씨만큼 전해지는 소식에 마음이 요동친다. 무엇보다 평창 소식은 기뻤지만 경기도 고양시 이마트 탄현점 지하 1층 기계실에서 냉동기 점검작업 중 유독가스에 중독돼 숨진 서울시립대 휴학생 황승원(22) 씨 이야기는 슬픔을 넘어 분노케 한다.

한 학기 수백만 원의 등록금은 어깨를 짓누르는 큰 부담이 되고 있다. 황 씨처럼 등록금 부담에 고통받는 부모나 대학생들이 한둘이 아니다. 최근 설문조사에 따르면 절반에 가까운 대학생들(49.2%)이 등록금 부담에 대처하기 위해 직접 아르바이트에 나서고 있다고 한다.

대학등록금 부담 때문에 취업 후에 학자금을 갚는 제도가 도입됐지만 학생과 학부모들로부터 외면을 받고 있다. 금리는 일반학자금 대출과 5.2%로 같지만 저소득층 이자감면이 많은 일반학자금 대출과는 달리 감면 제도가 전혀 없기 때문이다. 이자도 복리여서 취업한 뒤 상환할 때면 이자가 눈덩이처럼 불어나 부담으로 다가온다.

　서민들은 고통받지만 대학 등록금이 부담 안 되는 특권층이 있다. 재벌의 자녀, 국회의원 자녀, 고위공무원 자녀들은 등록금 때문에 목숨을 내놓고 일할 이유도 없고, '반값 등록금'을 길거리에서 외칠 이유가 없다.

　취업 후 학자금 상환제도는 소득 7분위 이하 까지만 허용됐다. 소득 7분위란 소득 수준 전체 70% 이하에 해당하는 계층으로 가구 연소득 5,140만 원 이하가 기준이다. 소득 7분위까지는 대학등록금으로 고통받지만 10분위 월 소득 1,013만 원 이상인 고소득층에게는 대학등록금이 고통의 대상이나 논쟁거리가 되지 않는다.

　황 씨는 아버지의 사업 부도로 공장·식당을 오가며 한 달 100만 원을 버는 어머니에게 등록금을 기댈 형편이 못됐다. 제대한 지 이틀 만에 "등록금은 내가 벌겠다"며 일터로 나섰다고 한다. 그마저도 한 푼이라도 더 받으려고 위험하고 힘든 일을 마다하지 않다가 안타까운 일을 당하고 말았다.

　서민을 대변하고 머슴을 하겠다고 해서 뽑아 준 국회의원은 평생 교육에 관심이 많고 교육열이 대단해 대학원에서 교육학 박사과정을 마쳐 최근 출판기념회를 가졌다고 한다. 반값 등록금, 부실 대학 구조조정 등 어수선한 이때 교육과학기술위원회 소속 집권당 국회의원 출판기념회를 국민들은 어떻게 바라볼까. 출판기념에서는 피감기관들, 부실 대학 구조조정 대상으로 거론되는 대학교에서는 눈도장 찍겠다고 바쁘지 않았을까?

아빠는 대학원 박사과정, 엄마는 대학교를 다니고, 아들은 외국 대학교, 딸은 지방에서 유학할 수 있는 가정이 얼마나 될까. 공부하는 가정, 보기 좋다. 그저 부러울 뿐이다. 서러우면 출세하라는 말이 딱 맞다. 구질구질하게 더 이상 토를 달고 싶지 않다. 정치인의 윤리와 도덕성 문제다. 특권층, 서민층의 비교되는 삶이다.

국회의원으로 당선된 이후에 줄곧 교육과학기술위원회에서 정부의 교육정책을 뜯어고치고 교육제도를 개선한 것으로 알고 있다. 최근에는 한나라당 정책위부의장으로서 교육계의 최대 현안으로 떠오른 대학생 등록금 문제를 총괄하고 있다고 한다. 한 가정의 교육정책은 성공했을지 모르지만 한 국가의 교육정책에서는 실패했다고 본다. 4인 가족 모두가 공부할 수 있는 가정이 얼마나 될까?

여야 국회의원들이 유럽으로 해외연수를 다녀왔는데, 자비로 다녀온 것이 아니라 국정감사 대상기관의 지원을 받아 다녀온 것이 논란이 되고 있다. 전국공공연구노동조합과 국회 교육과학기술위원회에 따르면 교과위 소속 여당 A의원과 야당 B의원이 지난해 7월 29일부터 6박 8일 동안 오스트리아, 스위스, 프랑스에 연수를 다녀왔다고 한다. 연수비용은 총 3,000만 원 정도였다고 한다.

이를 두고 공공연구노조 관계자는 "국회의원이 자신이 감사해야 할 기관으로부터 국외연수를 제공받은 것은 대단히 부적절한 행위"라며 "그러지 않아야 하겠지만, 연수비용을 지원한 기관에 대해 날카로운 감사에 나서지 않을 가능성도 있는 것 아니냐"고 지적했다고 한다.

문제의 여당 A의원은 부천을 지역구로 둔 의원이다. 남세스럽다. 언론에 실린 해명 내용을 보니 시의원 3선, 재선 국회의원의 내공이 보인다.

"국회 상임위가 조직해서 가는 해외연수에서는 구체적으로 무슨 돈으로 가는지 묻지 않는다. 국회 예산인지 피감기관 예산인지 전혀 몰랐다. 피감기관의 돈으로 해외연수를 간 게 문제라면 문제일 수 있지만, 해외의 유명 과학기술관을 국회의원도 가 봐야 하지 않나."

이게 단순한 문제인가?

피감기관들 고생이 많다. 출판기념회에서 책 팔아 주랴, 해외연수비 지원하랴. 대학교는 학생들 피(등록금) 빨아 로비하기 바쁘고 정치인들은 선거철이 다가오자 총알(선거비용) 만들기 바쁘다. 허리 휘게 벌어 낸 세금이 줄줄 새고 있다. 세금 무서워하지 않는 기득권층에 국민들은 분노를 느낀다. 부끄러움과 염치가 없는 국회의원을 보면 국민들이 분노할 수밖에 없다.

▌아무도 책임지지 않는 뉴타운, 벼랑으로 내몰리는 서민

주민 고통 외면하던 정치인들, 죽음 앞에 고개 숙인 이유는?

원미구 한마음체육대회에서는 웃고, 고(故) 김동준 씨 영결식에서는 비통해하고, 10월 4일은 정치인에게는 표정 관리하기에 무척 힘든 하루였다. 망자만 억울하고 원통할 뿐 산 사람은 푸른 가을 하늘 아래 뛰고 웃었다.

이날 고인의 무남독녀 외동딸 김경림(17) 양은 "제 인생의 버팀목이셨던 사랑하는 아버지가 어린 딸이 철이 들기도 전에 저 세상으로 갑자기 떠나 가슴이 미어진다."며 "제발 진실을 봐 주세요."라고 호소했다. "좋은 곳에 가셔서 다시는 이런 일에 휘말리지 말아 달라."며 울먹이는 대목에서는 무책임한 정치인, 자신과 돈밖에 모르는 천박한 천민자본주의에 빠진 기성세대를 꾸짖는 것 같아 부끄러움을 감출 수 없었다.

지방자치단체와 정치인들이 그동안 팔짱만 낀 채 방관하다 사회적 타살에 뒤늦게 뒷북을 치고 있다는 지적도 적지 않다.

김만수 시장은 "제가 부천시장에 출마하면서 재정착률이 20%도 안 되고 외지인들이 80% 들어오는 뉴타운이 무슨 의미가 있는가라고 생각했으며, 주민들의 의견이 반영될 수 있도록 관련 규정을 바꾸어야 한다는 입장이었다. 그러나 시장에 당선돼 취임해 보니 부천시는 이미 모든 지역의 지구지정이 끝난 상태로 어떻게 할 방법이 없었다.”고 입장을 피력했다.

임해규 의원은 “이러한 상황을 맞이하게 된 것에 대해 입이 열 개라도 할 말이 없다”면서 “뉴타운은 분명히 잘못된 사업이다. 특히 뉴타운사업의 가장 큰 문제점은 시민들이 잘 알지 못하는 상태에서 추진된 것으로 우리 모두 관련법 개정을 위해 서로 격려하고 북돋아 주며 문제를 해결해야 한다.”고 말했다.

‘뉴타운 사업’이 도깨비 방망이라도 되는 것처럼 휘둘렀다. 김문수 도지사, 여야 구분 없이 총선, 지방선거 출마자는 “뉴타운 사업을 해서는 안 된다.”가 아니라 뉴타운 사업으로 주거환경을 개선해서 살맛나는 동네로 만들겠다고 했다. 주거환경 개선보다 주거안정을 원하는 서민들의 목소리는 소수였다고 생각하고 표 계산을 했을 것이다.

뉴타운·재개발에 대한 문제, 우려가 없었던 것도 아니었고 운동권 출신 정치인들은 누구보다 잘 알고 있었다. 일방적으로 밀어붙이는 정책은 저항과 피를 부르고, 서민들은 고통에 울부짖게 돼 있다. 용산사태가 일어났을 때도 ‘민생탐방’을 하면서 뉴타운 사업을 추진하는 방향에서 재정착률을 높이겠다는 답변만 되풀이했다. 뉴타운 사업을 반대하는 주민들의 목소리를 건성으로 들었다.

구시가지 서민들은 삶의 터전을 지키고 싶었다. 전통시장 상인들은 하루 종일 좌판에 앉아 물건을 팔아도 2만 원을 벌기가 힘들다고 한다. 그래도 삶이 녹아 있는 터를 터나고 싶지 않다고 하소연했다. 뉴타운 사업이 추진되면 삶의 터를 잃고 쫓겨나듯이 이주를 해야 한다는 것은 국회의원은 알았다. 그러나 소수, 약자를 대변하는 것보다 표를 의식한 뉴타운 사업을 밀어붙였다. 이젠 표를 의식해 뉴타운 사업을 하지 말자고 할 것인가!

다른 이유도 있었겠지만 소수의 이익, 의견, 역곡 주민의 재산권을 지켜 줘야 한다는 논리로 화장장 반대를 한 것으로 알고 있다. 화장장 반대와 다르게 소수의 의견을 무시하고 다수의 이익을 위해 뉴타운 개발을 공약으로 내걸고 당선된 국회의원은 본인 말대로 입이 열 개라도 할 말이 없을 게다. '책임정치' 말로만 할 게 아니라 행동으로 보여 줬으면 한다. 표를 의식해 격렬한 저항에 이리저리 휘둘리는 무능하고 뒷북치는 정치지도력에 지역 주민들은 울분을 토하고 있다.

원미동, 심곡동, 춘의동, 도당동 주민들은 구시가지의 설움을 받고 산다. 뉴타운 개발 이야기를 들었을 때 누구처럼 브랜드 있는 아파트, 몇 억 하는 아파트에서 살고 싶은 꿈을 가졌다. 국회의원이 앞장서서 뉴타운 사업을 부르짖고 나섰으니 어느 누군들 믿지 않았겠는가. 당선 후에도 해법 찾기에 골몰했다고 했지만 눈치 보기에 급급했다고 주민들은 보고 있다. 연봉 1억 2천에다 보좌관을 거느리고 다니다 보면 서민의 삶이 안 보이는 모양이다.

집 걱정, 아이들 교육 걱정에 하루하루 고달픈 삶을 사는 서민들과 달리 국회의원은 서민들의 절박한 생활과 동떨어진 생활을 하다 보니 딴 나라 이야기로 치부하다가 선거가 다가오자 참회를 한다. 임해규 의원은 의정보고서에 "뉴타운 사업이 지금처럼 많은 주민들이 고통받으리라고는 상상도 못했습니다."라고 밝혔다. 용산사태가 경고음이었다. 상상도 못했다는 말을 믿으란 말인가.

표를 위해, 배지를 위해 참모들과 끊임없이 머리를 맞대고 묘책을 짜는 것보다 주민의 고통을 덜 수 있도록 궁리를 했다면 뉴타운 개발 때문에 주민들 간의 갈등에 상처를 입어 스스로 목숨을 끊는 일은 일어나지 않았을 것이다.

아버지를 잃고 슬픔에 빠져 추모의 글을 낭독하는 소녀를 본 기성 정치인들은 무슨 말을 할 수 있을까? 입이 열 개 아니 스물 개라도 할 말이 없을 것이고 어떤 이유든 변명을 해도 안 된다. "제발 진실을 봐 주세요."라는 소녀의 말에 기성 정치인들은 어떤 태도를 보여 줄지 모르겠다. 고인의 명복을 빈다.

▌안철수 현상, 도가니 현상, 병 걸렸어요?

우리 사회는 병에 걸렸다.

안철수의 '착한 미소'에 푹 빠져 9월 달이 어떻게 가는 줄 몰랐다. 다들 '안철수 현상'이라고 한다. 내년 총선·대선까지 '안철수 현상'은 계속될 것 같다. 안철수 현상이 일어난 것은 기성 정치인에 대한 국민의 분노, 불만의 표출이라고 볼 수 있다. 9월 달이 다 가기 전 또 다른 이상한 현상이 터졌다. 바로 '도가니 현상'이다.

천인공노할 인권침해와 이를 방치한 형편없는 세상에 대한 분노가 '도가니 현상'을 만들었다. 3년 전 공지영 작가의 소설 『도가니』가 인터넷에 연재되기 시작했다. 6개월간 클릭수가 1,600만 건에 달했고, 책도 2년여 만에 50만 권이나 팔렸다. 최근에는 영화로 흥행몰이를 하고 있다. 필자도 공지영 작가를 좋아해서 지난주 이 영화를 보았다.

공지영 작가를 알게 된 것은, 굴곡진 삶을 통해 여성의 성적 억압과 불평등의 문제를 그린 페미니즘 영화인 <무소의 뿔처럼 혼자서 가라>(오병철 감독)를 보고 나서다. 오병철 감독은 공지영 작가의 두 번째 남편이기도 하다.

"산문집을 묶으면서 돌아보니 글쓰기야말로 남이 아니라 바로 제

자신의 고통이나 상처를 치유한다는 것을 다시 한 번 깨달았다"며 "나를 키운 건 8할이 상처"라고 말한 공지영 작가의 인터뷰 기사가 기억난다. 63년생 신경숙, 공지영 작가의 소설에는 고통과 상처가 배어 있어 그런지, 읽을 때마다 짠하다.

사형제도에 대한 비판의식을 담은 『우리들의 행복한 시간』, 4년 동안 한 청각장애학교에서 일어난 일련의 성폭행 사건을 다룬 『도가니』 등 실화를 바탕으로 한 소설은 잔잔한 감동과 분노를 일으켰다. '공지영은 소설가인 동시에 저널리스트'라는 평이 틀린 것 같지는 않다.

영화 <도가니>는 영화로 끝나는 것이 아니라 '도가니 현상'으로 이어지며 충격을 던져 주고 있다. 공지영 작가의 동명의 원작 소설을 바탕으로 광주인화학교의 장애인 성폭력 실제 사건이라는 어두운 소재를 영화화한 만큼 이러한 폭발적인 흥행은 누구도 예상치 못했지만, 사회 지도층에 대한 불만과 불신이 깔려 있는 마당에 영화 <도가니>에서 본 재단 이사장의 장남·차남 기성인의 파렴치한 추태에 분노하게 되었다. 차마 입에 담을 수도 글로 표현할 수도 없는 끔찍한 행각을 영상으로 보면서 실체를 알게 되어 국민들이 분노하고 있다.

김모(62) 교장은 이 학교 학생인 13세 소녀를 교장실에 강제로 끌고 갔다. 소녀는 손목을 뿌리치려 했지만 성인의 완력을 당해 낼 수 없었다. 소녀는 청각 장애 4급 장애인. 학생을 돌봐야 할 교장은 교장실에서 학생의 옷을 강제로 벗겼다.

학교장뿐 아니라 행정실장, 기숙사 생활지도교사 등 교직원들은 2000년부터 무차별적으로 말 못 하는 학생들을 성폭행했다. 피해 학생도 10여 명이란 말이 돌았다. 보다 못한 한 직원이 2005년 6월 장애

인성폭력상담소에 이 사실을 폭로했다. 상담소는 경찰에 알렸고 경찰은 곧바로 수사에 들어갔다.

　우리 사회는 병에 걸렸다. 썩을 대로 썩었다. 하루가 멀다 하고 터져 나오는 사회 지도층의 비리, 고위공직자의 파렴치한 행동에 국민은 불신하고 불쾌를 넘어 분노하고 있다. 오죽했으면 '안철수 현상'이 사회를 흔들고 있을까? 기성 정치인과 기득권 세력의 몰염치에 돌을 던지고 싶은 국민이 한둘이 아니다.

　'안철수 현상, 도가니 현상'은 우리사회가 병에 걸렸고 미쳐 가고 있다는 것에 반증이며 경고음이다. 자신과 돈밖에 모르는 현대의 천박한 천민자본주의에 건강한 사회를 바라는 것은 미친 짓인가. 영화 <도가니>에서는 승진을 위해, 돈을 위해, 성욕을 위해 기득권은 무엇이든 할 수 있다는 것을 보여 줬다.

　'안철수 현상, 도가니 현상'에 사회 지도층은 과연 반성하고 있을까? 카메라 앞에서는 손수건으로 눈물을 닦는 시늉을 할 게다. 돌아서서는 이해관계에 얽히고설켜 "좋은 게 좋은 것"이라며 주고받기에 바쁠 것이다.

▎야권 단일후보를 선택한 시민은 행복하십니까?

'야권 단일후보', '지방공동정부' 환상

 10·26 서울시장 보궐선거를 위한 야권 단일후보 경선이 열린 서울 장충체육관에 관심이 쏠렸다. 민주당 '버스'를 타고 온 당원들과 '지하철'을 이용한 SNS부대의 대결에서 SNS부대의 힘을 보여 줬다. 조국 서울대 법학전문대학원 교수는 직접 장충체육관을 방문했고, 영화 '도가니'의 원작자인 공지영 작가는 투표소 출입구 옆에서 팬 사인회를 열었다고 한다. 거의 축제 분위기였다고 한다. 알려져 있다시피 서울시장 보궐선거 야권 단일후보에 시민운동가 박원순 변호사가 선출됐다.

 '야권 단일후보'라는 희한하고 편의적인 선출 방법에 걱정이 앞선다. 박원순 후보는 '단일후보'를 통한 서울시 공동 지방정부를 추구한다고 한다. 야권 단일후보로 출마해 당선된 지방자치단체장의 '불편한 동거'를 지켜보는 시민들은 불안하다. 효율보다는 혼란을 불러일으키고 있다. 지방정부의 권력과 인사·정책을 놓고 갈등이 빚어져 부천시민은 '야권 단일후보'에 절망과 배신감을 느끼고 있다.

 6·2 지방선거에서 '야권 단일후보' 이름표를 달고 당선된 지방자

치단체장이 수두룩하다. 부천시민은 기대를 갖고 야권 단일후보를 선택했다. 타 시와 다를 것 없이 야권 단일후보였던 시장이 희망과 비전보다는 걱정과 염증을 부천시민에게 주고 있다.

'부천시정운영공동위원회 출범을 알리며'라는 글을 우연히 다시 읽게 되었는데 썩소(썩은 미소)를 띠게 한다. 권력과 인사·정책을 공유하면서 혼선만 초래하고 시민을 불안하게 한 것 외에 무엇을 했단 말인가. 선거운동에 참가한 본인이나, 처, 아들, 지인이 문화재단이나 시설관리공단에 한 자리를 꿰찬 당신들은 행복할지 모르지만 바라보는 시민은 불행하다.

시정의 주요한 정책 방향의 협의와 실천에 관한 사항에 대하여 심의, 연구, 추진, 실행하기 위하여 부천시정운영공동위원회를 두기로 하였다고 하는데 부천시정운영공동위원회가 무엇을 하는지 부천시민을 알 수가 없다. 밀실에서 과실을 챙기기 위해 아귀다툼을 하는지, 공동정책을 논하는지 알 길이 없다. 홍보, 이벤트 달인들이 조용한 이유가 뭘까?

김만수 시장과 시장이 추천하는 한병환, 이강락 등 2인, 국민참여당의 김대성 부천시위원장과 김도현 전 사무국장 등 2인, 민주노동당 이혜원 부천시위원회 위원장과 최순영 전 최고위원 등 2인, 진보신당 전송철 부천시 당원협의회 위원장 1인, 선거연대를 승계한 참여와 개혁실천 부천시민사회단체 협의회 김준영, 황인오 공동대표 등 2인들은 시정의 주요한 정책 방향에 무엇을 하는지 궁금하다.

시정운영공동위원회를 바라보는 시민과 각 진영의 기대와 우려를 충분히 의식해 시민들이 시정을 이해하고 참여하는 풀뿌리 민주주의의 튼튼한 버팀목이 되도록 노력하겠다고 했는데 풀뿌리 민주주의의 튼튼한 버팀목 역할을 하고 있다고 구성원들은 아직도 믿고 있는가. '그들만의 잔치'에 시민들의 시선은 싸늘하다. 지방권력을 잡은 그들만의 잔치라는 것을 부천시민은 알아 가고 있다.

더 이상 진보 좌파세력에게 도덕적 순수성을 기대하지는 않는다. 도덕적이고 순수하다면 인사·정책에서 보수 우파세력보다 더한 짓을 하지 않았을 것이다.

김만수 시장의 탓이라고 단정할 수 없지만 김만수 지방정부가 들어선 이후로 집중호우로 인한 대규모 침수피해, 서울외곽순환고속도로 하부 공간 화재, 시설관리공단여직원 자살사건에 이어 뉴타운재개발 반대해 오던 주민 자살사건 등 조용할 날이 없다.

문예회관건립부지 선정, 부천상동영상단지 산적한 난제를 어떻게 할지 걱정된다. 부천시정운영공동위원회가 해법을 제시하지 않을까? 밥값 이름값을 해야 한다는 말이 있다. 혈세로 밥 먹는 사람들 밥값 좀 했으면 한다.

'야권 단일후보', '지방공동정부' 환상에서 깨어난 부천시민은 분노하고 있다. 한 자리씩 꿰차고 회전의자에 앉아 사익을 채우기에 급급한 모습에 박수 칠 시민은 없다. 진보 좌파세력에 도덕성 순수성을 더 이상 바라지 않는다. 정치인은 '그놈이 그놈'이라고 하니 뭘 더 바라겠는가. '야권 단일후보'에 짓눌린 보수세력이 바보다. 누굴 탓하겠는가.

6·2 지방선거에서 김만수를 선택한 시민은 행복하십니까? 김만수를 선택한 이유를 듣고 싶다.

▌퇴직 공무원이 다 해 먹으면 '소는 누가 키우나?'

'형식적인 공모제'에 부천시민은 '분노'

강호동이 은퇴를 선언했다. "세금과 관련한 불미스러운 문제로 국민 여러분에게 심려를 끼쳐 드린 점 진심으로 사죄한다."며 눈물을 흘렸다. 국회가 고위 공직후보자에 대한 인사청문회를 2000년 시작한 이후 이들의 도덕성이 끊임없이 비판의 도마에 오르고 있지만 불미스러운 문제로 국민 여러분에게 심려를 끼쳐 드린 점 진심으로 사죄한다며 고위직을 포기하는 후보자는 드물었다. 갈수록 뻔뻔해지는 모습에 기가 찬다.

강호동을 옹호할 생각은 없다. 강호동은 세금을 제대로 내지 않았다는 의혹을 받고 있다. 그의 말처럼, 시청자 앞에서 어떻게 뻔뻔하게 얼굴을 내밀고 웃고 떠들 수가 있겠는가. 그런데 인사청문회를 보면 강호동보다 부도덕한 인물들이 뻔뻔하게 고위공무원이 되겠다고 얼굴을 들이밀고 있다. 강호동의 '눈물의 은퇴 쇼'의 숨겨진 의미를 모르진 않는다. 부도덕한 짓을 하더라도 고위직을 맡는 데는 문제없다는 것을 청소년들이 배울까 봐 두렵다. 곽 교육감 구속을 보면서 아이들은 어떤 생각을 할까? 코미디 프로 유행어를 읊겠다.

"소는 누가 키우나."

강호동이 MC를 보던 '무릎팍 도사(MBC)'를 즐겨 봤는데 이젠 볼 수 없으니 아쉬움이 적지 않다. "소는 누가 키우나", "강호동 없는 방송 무슨 재미로 보나"라고 불평하는 시청자도 있겠다. 퇴직 공무원은 공무원 생활 정리하고 "소는 누가 키우나" 하면서 그동안 못한 일을 찾아 제2의 인생을 살 것이라고 보는 것이 일반적인 시각이다.

그런데 말이다. 소 키울 생각은 안 하고 엉뚱하게 젖소를 탐내고 자리를 탐내는 퇴직 공무원이 있어 불쾌하기 그지없다. 부천시시설관리공단 이사장이 그렇게 탐이 나는가. 연봉에다 품위 유지비 등등 떡고물도 많으니 집에서 소 키우는 것보다는 낫겠다. 그러나 시민들의 따가운 시선을 의식해 품위를 지켰으면 한다.

김만수 시장은 부천시시설관리공단 하나 개혁하지 못하면서 개혁적인 진보 시장이라고 말을 할 수 있겠는가. 대충 시간만 때우고 가는 자리가 이사장 자리가 아니다. CEO 출신이나 공기업 사장 출신 등 자격요건을 갖춘 일반인이 더 이상 들러리가 아니라 이사장으로 선택돼 말 많고 탈 많은 부천시시설관리공단이 새로운 모습으로 탈바꿈하는 것을 부천시민은 기대했다.

<비열한 거리>의 조폭집단도 아니고 시설관리공단은 홍(건표)파, 원(혜영)파로 갈라져 이전투구에 시간 가는 줄 모른다고 한다. 이게 정상적인 지방공기업의 모습인가. 지방정권이 바뀔 때마다 지방 공기업이 몸살을 앓고 있다. 논공행상의 도구로 전락한 것을 부인할 수 없다. 지역에 끗발 있는 분들의 아들, 딸 등이 포진하고 있고 당선자들은 선거운동 때 도움을 준 사람들을 시설관리공단에 심었다.

부천시시설관리공단 이사장 공모제가 퇴직 공무원의 자리보존수
단으로 변질돼 당초 공모제의 취지를 갈수록 훼손하고 있다. 공기업
의 혁신적인 경영을 위해 사장 공모제를 채택하고 있지만, 공모 과정
에서 시 고위공무원 중 퇴직 공무원을 미리 내정해 '지방공기업법(제
58조)'에 따른 공모제를 형식적으로 시행하고 있다. 김만수 시장은 다
를 줄 알았다. 쇄신과 변화를 위해 과감히 개혁을 할 줄 알았다. 그러
나 실망을 넘어 분노가 치밀게 한다. 김만수 시장을 짝사랑한 시민은
뒤통수 제대로 맞은 꼴이다.

부천시시설관리공단이 발전하기 위해서는 과거의 잘못을 바로잡
는 것이 필수적이다. 들리는 소식에 의하면 박명호 오정구청장이 명
예퇴직하여 부천시시설관리공단 이사장직을 맡는다고 한다.

부천시시설관리공단 설립 이래 12년간 이사장이나 상임이사 중 공
무원 출신이 아닌 사람이 없었다고 하니 박명호 부천시시설관리공단
이사장이라는 명함을 준비해도 될 것 같다. 공모제를 하더라도 사실
상 '들러리' 역할을 할 게 뻔해 누가 공모제에 응모하겠는가.

김만수 시장은 부천시시설관리공단의 폐단을 알기에 절대 퇴직 공
무원에게 이사장, 상임이사직을 맡기는 일은 없을 것이라는 말이 나
돌았다. 김만수 시장이 백선기 씨를 앉히려다 백기를 들고 만 것인가.
이럴 바에야 차라리 백선기 씨가 낫다. 12년간 틀을 깨부순다는 의미
에서는.

오정구청장, 부천시시설관리공단 이사장 다음은 시장 출마인가. 선
례가 있어서 이런 예단을 해 본다. 퇴직 공무원이 다 해먹으면 "소는
누가 키우나." 부천시시설관리공단의 정상적인 운영을 위해 무늬만

공모제를 그만했으면 한다.

지방공기업이 이사장을 공모하면서 시 출신 공무원을 사전에 내정해 놓은 사실을 이젠 부천시민도 알고 있다. '짜고 치는 고스톱'으로 부천시민을 더 이상 우롱하지 않았으면 한다. 시와 지방공기업이 현행 지방공기업법을 악용, 시 고위직 공무원의 자리를 마련해 주기 위한 형식적인 공모제에 부천시민은 분노하고 있다. 구태와 탈법에 부천시민은 응징을 해야 한다.

김만수 시장에게 바란다. 제발 12년 동안 이어진 구태와 악습을 차단하고 개혁적인 모습을 보여 주기를. 퇴직 공무원을 위한 시설관리공단이 아니라 시민을 위한 시설관리공단으로 재탄생하기를 학수고대한다. 김만수 시장의 능력을 보고 싶다.

▌진보세력, 똥바가지 스스로 끼얹고 있다

자질이 의심스러운 시장, 개인적인 문자메시지가 공개된 이유는?

개인적으로 주고받았다고 볼 수 있는 메시지를 공개해 곤혹을 치르는 정치인들이 있다. 이동관 대통령언론특보가 박지원 민주당 의원에게 저축은행 로비스트 박태규 씨를 거론하면서 자신의 이름을 들먹인 데 대한 항의로 문자메시지를 보냈다. 박 의원이 불쾌해 공개해 버렸다. 이 특보는 사과의 의미로 다시 문자로 보내면서 애교로 "이건 공개 안 하실 거죠? ㅎ"라는 문자를 발송했는데 박의원이 또 공개해 신경전의 끝이 보이지 않는다.

문자메시지는 음성 통화와 달리 기록으로 남는다. 글만큼 문자메시지 발송에 신중해야 한다. 인터넷상에 떠도는 글이나 문자메시지는 독이 될 수 있다. 잘했든 못했든 정치인들은 자신의 부고 외에는 어떻게든지 신문이나 인터넷상에 떠도는 것이 좋다고 한다. 그러다가 치명적인 기사가 인터넷상에 떠도는 것을 막고자 돈을 들고 가서 기사를 내려달라고 떼를 쓰는 등 희한한 읍소 작전을 펴기도 한다. 세상엔 비밀이 없다. 돈을 받고 기사를 내려 준 기자의 생명은 끝이 나고 신문사는 물품거래소보다 못한 정치인의 흥정 거래소로 추락한다.

부천시에서도 문자메시지로 떠들썩하다. 김만수 시장이 강동구 부천시의회 기획재정위원장에게 보낸 문자 메시지가 화근이었다.

"백종훈이 정신 나간 것 같네. 강동구 믿고 그러는지 싸가지 없이 행패를 다 부리네. 개새끼네……"

개인적으로 주고받는 메시지라고 백 번 양보하더라도 지나친 표현이다. 그것도 지방자치단체장이 말이다.

김만수 시장은 참신한 이미지와 고급스러운 입을 가졌다. 청와대 대변인 출신이라 달변가다. 고급스러운 입을 가졌지만 손가락은 천박하다고 해야 하나. 개새끼는 '×발년(놈)……×되다·쌍년' 등과 같이 가장 거친 욕으로 분류된다. 백종훈 씨가 좌시하지 않겠다며 울분을 삼킬 만하다.

'안 보이는 곳에서는 임금님도 욕한다.'라는 옛말이 있다. 김만수 시장이 백종훈 씨를 앞에 두고 개새끼라고 하지 않았다는 점에 이해가 가는 측면도 있다. 그럼 둘만의 주고받은 글을 공개한 강동구 시의원은 뭔가? 정치적 의도인가? 꼼수인가? 부천시 트러블메이커로서 즐기고 있는 것인가. 집안싸움은 아무도 모르게 해야 한다. 권력을 잡다 보니 보이는 게 없는 모양이다.

지역 신문에 강동구 시의원 이름이 거론되지 않으면 기사를 쓸 수 없다는 말이 나돌고 있다. 강의원은 정치인으로서 이름이 거론되는 것을 즐기는 것인가. 부천시민들이 볼 때는 황당할 뿐이다. 남성전용 업소 들락거리다가 사진에 찍혔으면 이유야 어쨌든 자숙하고 유감표명을 했어야 했다.

"백종훈이 정신 나간 것 같네. 강동구 믿고 그러는지 싸가지 없이 행패를 다 부리네. 개새끼네……" 문자 내용을 보면 강동구 믿고 설치는 사람이 한둘이 아닌 모양이다. 인사권 개입, 이권개입에 이름이 거론될 때 '설마 그럴까' 했는데 김만수 시장이 확인을 해 준 꼴이다.

공개된 문자 메시지를 보면서 부천시민은 김만수 시장을 달리 보게 되었고, 강동구의원의 전횡을 알 수 있게 되었다. 김만수 지방정부 레임덕을 거론할 단계는 아니지만 갈수록 시끄러워질 것이 뻔하다. 서로 똥바가지 끼얹는 일에 부천시민은 말문이 막힐 것이다.

야권 단일후보 당선에 기여한 사람들은 한 자리 꿰차겠다고 기다리고 있지만 시간이 갈수록 초조할 것이고 김만수 시장은 자리 만들기 위해 스트레스 엄청 받을 것 같다. "백종훈이 정신 나간 것 같네. 강동구 믿고 그러는지 싸가지 없이 행패를 다 부리네. 개새끼네……" 문자에 묻어난다. 적당히 해 먹고 물러나야 다음 사람 챙길 수 있다는 속내가 담겨 있다.

김만수 시장은 집안 단속을 잘 하든지 아니면 시정을 잘 이끌어 가든지 해야 할 것 같다. 공인으로서 갖춰야 할 가장 기본적인 덕목이 도덕성임은 두말할 나위가 없다. 김만수 시장, 강동구의원은 도덕성에 치명타를 입었다.

공인의 삶은 일견 화려해 보이지만 힘든 점이 많다. 김만수 시장의 "백종훈이 정신 나간 것 같네. 강동구 믿고 그러는지 싸가지 없이 행패를 다 부리네. 개새끼네……", 윤병국 시의원의 "무신 포르노 방송이냐" 문자메시지가 공인으로서 받는 지나친 스트레스에 의한 거친 표현이라고 이해하고자 하지만 공인에 방점을 찍는다면 책임을 피할 수는 없다. 권리와 권력을 주는 이유는 공인다운 행동을 하라는 것이다.

김만수 시장이 갑자기 필자에게 "싸가지 없이 행패를 다 부리네.

개새끼네"라는 문자를 보낸다면 필자는 어떻게 회신을 해야 할까? 아마 "이럴 시간 있으면 뉴타운사업 해결책을 강구하거나 산적한 시정에 신경 쓰라"고 할 것 같다. 글을 쓰면서 내공이 쌓여 웬만한 욕에는 면역이 생겼다. 그래도 인간인지라 마음이 아플 때가 많다. 이래저래 말과 글은 상처를 준다. 어떤 소통의 허울을 쓰든 간에……

▌참 나쁜 국회의원에게는 돌을 던져라!

국민들은 돌을 던질 자격이 있다.

만날 싸움만 하고 국민들 염장 지르는 국회의원이 이번에도 염장을 제대로 질렀다. '여대생 성희롱사건' 강용석 의원에 대한 제명안이 국회 무기명 표결에서 부결됐다. 김형오 전 국회의장이 '너희 가운데 죄 없는 자, 이 여인에게 돌을 던져라'라는 성경 구절을 인용한 뒤 "여러분은 강 의원에게 돌을 던질 수 있나? 나는 그럴 수 없다"며 제명 반대를 호소했다고 한다. 이해가 간다. 막장가족이라도 자기 식구에게 돌을 던질 수는 없다. 그러나 국민들은 돌을 던질 수 있다.

국회의원 스스로가 혐오와 저주의 대상이 되고자 발버둥을 친다. 이익단체로부터 사실상 돈을 받고 입법장사를 해 국민의 분노를 일으킨 적도 있었다. 서민의 자식들은 굶어 죽든 말든, 등록금에 피눈물을 짜든 말든 주지하다시피 국회의원은 가족수당과 자녀학자금마저 챙기고 있다. 국회의원 수당에 관한 규정의 개정 당시 가족수당에 공무원 수당규정을 준용키로 함에 따라 떳떳하게(?) 챙기고 있다.

공무원 수당규정을 보면, 가족수당과 자녀학자금은 공무원의 가계를 유지시켜 주기 위해 국가가 보조해 주는 가계보전수당이다. 공무원 하다간 세 끼 해결할 수 없다는 말이 돌 때 가계가 어려운 공무원들의 생활을 돕기 위해 만든 규정으로 알고 있다. 국회의원이 가계보전수당 챙길 만큼 생활이 어렵나? 천만의 말씀이다.

여야가 짜고 5.1%나 올려 국회의원이 지급받는 세비는 1인당 월 1,036만 6,000원이나 된다. 일반 국민들이 알 수 없는 의정활동 보고서 제작비라든지 의원회관 사무실유지비 등은 별도인데, 이것을 부풀려 비자금을 조성한다는 것이 이젠 뉴스감도 아니다. 부천시 지역구 국회의원도 이 사건에 휘말린 적이 있었다.

선거가 있는 해에는 3억 원, 선거가 없는 해에는 1억 5,000만 원까지 후원회비를 모금할 수도 있다. 참 나쁜 국회의원은 공천권을 가지고 협박 아닌 협박을 한다. 지방의회에 꿈이 있는 정치인들은 쪼개기 후원금 갖다 바친다고 피가 마른다. 공천제도 때문에 국회의원은 상머슴이 아니라 상전이다. 국회의원을 그만두더라도 걱정할 필요가 없다. 65세가 되면 월 120만 원씩의 연금도 받을 수 있다.

국민들은 국가를 생각해 정치인을 신뢰하고 싶지만 신뢰할 수 없는 행동만 한다. 곽 교육감의 부도덕한 거래를 보고 "믿을 놈 하나도 없다"는 많이 절로 나오겠다. 곽 교육감과 진보진영은 도덕적 우월성을 자부하며 큰소리쳤지만 이번 후보 매수와 뻔뻔한 자기 합리화, 염치없는 버티기로 그들의 실체를 다시 보게 했다. '진보개혁세력' '강남좌파'들은 남을 비판하고 평가하듯이 그 기준을 자신들에게 들이대기를 바란다.

기존 정치인에 불신이 팽배하다 보니 제3의 세력이 등장하고 국민들은 열광하는 것이 아닐까? 안철수 서울대 융합과학기술대학원장, 박경철 시골의사가 기존 정당구조를 흔들고 있다. 여야 정치인에 대한 불신이 하늘을 찌르고 있다. 안철수 서울대 융합과학기술대학원장이 무소속으로 서울시장에 출마할 가능성에 온 국민이 흥분을 하고 있다. 왜 이런 현상이 일어나는 것일까? 기존 정치인을 못 믿고 더 이상 정치를 맡길 수 없다는 것이다. 민중 봉기 수준이다. 들불처럼 일어나고 있다.

홍준표 한나라당 대표는 "철수가 나왔으니 이제 영희가 나오겠다."며 농담을 던졌다고 하는데 농담 던질 만큼 여유가 있는가. 정치공학적으로 여당이 유리할 수 있다는 생각에 그렇게 했을 수도 있다. 그러나 반성 먼저 해야 하지 않을까. 안철수 한 사람 때문에 국민이 흥분하고 정치판이 뜨거워진다는 것은 기존 정치인들에 대한 반감과 분노가 극에 달했다는 것을 보여 주는 것이 아닐까?

국민은 염치없는 국회의원, 낯 두꺼운 곽 교육감, 진보세력에 돌을 던져야 한다. 국민은 돌을 던질 자격이 있다. 특권층, 기득권층, 지배계층은 이 위치에 오르기 위해서는 적당히 탈법과 비도덕적인 행동을 해도 된다고 자위(自慰)할 줄 모르겠지만 국민은 냉정하게 가려내야 한다. 돌을 던지고 비판을 해야 한다. 국민 무서울 줄 모르니 이따위 짓을 하는 게 아닌가.

19대 총선을 앞두고 부천시민은 원혜영, 이사철, 임해규, 차명진 국회의원을 검증해야 한다. 신상털기가 아니라 정책과 도덕성을 꼼꼼히 봐야 한다. 결코 도덕적이지 않고 이중성으로 유권자를 우롱한 국회의원이 있다면 심판을 받아야 할 것이다. 부천에서 안철수, 박경철 같은 인물이 나오지 말라는 법이 없다.

원혜영 국회의원은 서울시장 출마를 위해 주소이전을 한 것으로 알고 있다. 큰 꿈을 위해 서울시장 출마를 결심한 것 같다. 오정구 유권자들은 당황했겠다. 부천시장 하다가 중도에 그만두고 국회의원을 한 것으로 알고 있다. 원혜영 국회의원 발목을 부천시민이 더 이상 잡지 말아야겠다. 큰일을 하겠다는 사람을 자꾸 잡는 것도 미안한 일이 아닌가.

19대 총선이 코앞에 다가오자 기득권을 가진 현역 의원뿐만 아니라 도전자들이 바쁘게 움직이고 있다. 그러나 유권자의 시선은 따갑다. 그걸 모르는 정치인은 없을 것이다. 유권자의 한 사람으로서 바람이 있다면 도덕적으로 문제 있는 정치인은 얼굴을 내밀지 않았으면 한다.

얼굴 두꺼운 정치인은 부끄러운 줄 모르고 정치적 행보를 할 것이다. 가차 없이 돌을 던져야 한다. 유권자들이 돌을 던지지 않으니 함량미달 정치인이 입으로는 머슴이라고 말하고 실제로는 큰소리치고 다니지 않는가. 머슴도 아닌 것이. 사실상 머슴은 머슴이 아니다. 사실상 파리가 새가 아니듯이. 파리와 새는 구분해야 한다.

█배울 게, 닮을 게 그리 없는가?

미꾸라지 역할을 하는지, ×물 역할을 하는지…….

국제육상경기연맹(IAAF)이 지난해 어느 선수든 단 한 번만 부정출발을 해도 실격 판정하는 강경방침을 내놓았다. 세계 육상계의 최고 스타인 우사인 볼트가 희생(?)양이 되었다. 대구 세계육상대회 100m 결승에서 볼트는 부정출발로 실격해 뛰어보지도 못하고 경기장을 떠났다.

부정출발은 부정한 행위라는 것인데 육상계의 최고 스타 볼트도 예외일 순 없었다. 원칙보다 반칙을 밥 먹듯이 하는 정치인을 이런 잣대로 평가한다면 살아남을 정치인은 없을 것 같다. 온갖 부정·비리를 저지르고도 아무 일 없었다는 듯 활보하는 정치인을 실격시키고 싶은 국민은 한둘이 아닐 텐데, 권력이 힘이고 법이라 어찌할 수가 없다. 공정한 사회가 아니기 때문이다.

진보의 생명은 도덕성이라고 한다. 서울교대 박명기 교수가 곽노현 서울시교육감으로부터 받은 2억 원은 지난해 교육감 선거 후보사퇴의 대가로 받기로 한 총 7억 원 중 일부임이 밝혀지면서, 곽 교육감의 형사처벌 및 교육감직 사퇴 논란이 불거지고 있다.

곽 교육감은 "부패 꽉 잡는 진보 단일후보"라고 자신을 포장하였고 선거과정에서 "서울 교육행정이 너무 썩은 것은 밀실행정 때문이고 저는 그곳에 햇볕을 비추겠다."는 말도 빼놓지 않았다. 그랬던 그가 후보 단일화 대가로 박명기 서울교대 교수에게 억대의 돈을 준 사실이 드러났다. 사퇴를 안 하겠다고 버티는 그를 보니 분노가 치민다. 학생들 밥보다 더 중요한 것은 도덕성이다.

선거에 돈이 많이 든다는 것은 누구나 알고 있다. 여기저기 아쉬운 소리 안 할 수가 없다. 단일화에 양보해 준 경쟁자에게 '권리금' 조로 얼마간 사례하는 게 정치판에서는 관행이었다고 할 수 있다. 운동권 출신 국회의원은 선거를 어떻게 치렀을까? 운동권 출신 국회의원은 도덕성을 내세우지만 돈 앞에서는 무릎을 꿇은 경우가 허다했다.

정치는 돈이 있어야 하고 조직이 있어야 한다고 한다. 지방의회 정당공천은 상머슴인 국회의원이 돈과 조직을 위해 만든 악법이라고 할 수 있다. 정당공천제도로 인한 쪼개기 후원금을 받는 국회의원, 공천장사 하는 국회의원이 지방의회를 망치고 있다.

국회의원에게 잘 보이려고 쪼개기 후원금 거둘 수밖에 없다. 김문수 도지사의 쪼개기 후원금이 논란이 된 적이 있었다. 운수회사의 직원들 명의로 정치후원금을 받은 정치인이 조만간 곤혹을 치를 것이라는 설이 파다하다. 오비이락(烏飛梨落)이라고 운수회사 대표가 시의원 예비후보로 뛰고 있어 이런 말이 도는 것 같다.

오세훈 서울시장 사퇴로 10·26 서울시장 보궐선거 후보 경쟁, 곽교육감의 부도덕한 대가 지불 때문에 여야 모두가 시끄럽다. 부천시는 한나라당 부천시의회 의원들이 「부천시의회 교섭단체 및 위원회 구성과 운영에 관한 조례」 폐지를 요구하며 본회의장에서 철야농성을 하자 김관수 의장은 본회의장 철거명령을 내려 막 가자고 하였다. 민주당 모 의원은 동료의원이 개고생을 하든 말든 캐디에게 "의원님 굿샷" 소리를 들으면서 골프를 즐겼다고 한다.

철야농성으로 얻은 게 있다면, '부천시의회 교섭단체 및 위원회 구성과 운영에 관한 조례 개정(안)'은 3당이 합의하지 않는 한 상정하지 않기로 하고 예결위 구성도 올 12월까지는 현행대로 상임위원장이 추천하는 것으로 했다고 한다.

그나마 다행이다. 건강한 민주주의를 위해서는 통제, 감시, 견제 기능이 있어야 한다. 민주당 출신 아니 야권 단일후보 출신 김만수 시장이 낭비성·선심성 행정을 펼쳐도 의회에서 견제와 감시를 하지 않는 것은 의회 존재감 상실이고 행정부 꼭두각시가 되겠다고 스스로 인정하는 꼴이다.

「부천시의회 교섭단체 및 위원회 구성과 운영에 관한 조례」를 고집한 이유를 윤모 의원이 의정일기에 밝혔다. '진보와 개혁을 가치로 하는 정당' 출신 시의원이 더러운 정치를 하고 있다고 민주당 소속 윤모 의원이 제대로 짚었다. 오죽했으면 양심선언(?)을 했을까? '진보와 개혁을 가치로 하는 정당' 출신 시의원은 충격의 일탈, 파렴치한 일탈을 했다.

집행부의 예산낭비를 감시해야 할 의회 기능을 스스로 포기하자는 조례를 발의한 의원이나 동조한 의원에 부천시민들은 분노를 금치 못할 것 같다. 윤병국 의원이 모처럼 당을 떠나 바른 소리를 한 것에 감사하는 시민들이 많겠다. 참 착한 의원이다. '착한 의원' 모습을 계속 보고 싶다.

마중물이 되겠다고 자처하는 시의장이 과연 마중물 역할을 하고 있는지 묻고 싶다. 시의회가 조용할 날이 없다. 공공인력과 관용차량을 동원해서 자신의 집 벽난로에 사용할 화목을 가져갔다는 것이 사실이라면 참 염치없는 짓을 한 것이다. 마중물 역할을 하는지, ×물 역할을 하는지 부천시민은 판단할 수 있겠다. 타인을 위한 마중물이 되어야지 자신만을 위한 마중물은 ×물 역할보다 못하다. 분노와 공분만 자아내는 정치보다는 감동 있는 정치를 보여 줄 수 없는지 안타깝다.

부천시의회는 부천시민, 시를 위한 시의회로 돌아왔으면 한다. 정당끼리 싸우라고 시의회가 존재하는 것이 아니다. 난장판 국회를 보는 것으로 국민들은 만족한다. 배울 게, 닮을 게 그리 없는가?

▌그놈의 '소통'은 어디로 간 것인가?

주민소환은 모든 이에게 불행

올해에는 유난히 비가 많아 이글거리는 불볕이 그리웠다. 유난히 많이 내린 비로 일거리가 줄어 생활고에 시달리던 한 50대 일용직 건설 노동자가 스스로 목숨을 끊었다는 뉴스를 접할 때 가슴이 미어졌다. 생활고를 비관해 목숨을 끊겠다는 서민들이 갈수록 늘 것 같아 안타깝다.

가수 비의 '태양을 피하는 방법'의 가사 중 "환하게 비추는 태양이 싫어 태양이 싫어, 태양을 피하고 싶었어"를 "축축하게 내리는 비가 싫어 비가 싫어, 비를 피하고 싶었어"로 개사해 부르고 싶다. 햇볕을 충분히 쬐면 몸에서 비타민D가 생성된다고 한다. 보충하고자 산책을 하면서 태양을 가까이 해야겠다. 끝없이 내리는 '비', 제발 이젠 그만 왔으면 한다.

서울시의 무상급식 주민투표 때문에 정치권에서는 태양이 없어도 뜨겁다. 정치인은 비타민D가 중요하지 않을 수 있다. 뼈 없는 연체동물처럼 늘 굽실거려야 하고 시류(時流)에 따라 이리저리 움직여야 하

49

는 정치인들은 일단 유연해야 한다. 무상급식 주민투표에 관해 정치인들은 뼈 있는 말을 주고받는다.

중앙당 차원의 지원이 미흡하다고 본 나경원 최고위원이 당의 총력 지원을 촉구하고 유승민 최고위원은 반대 입장을 피력하고 있다. 유 최고위원은 국회에서 열린 최고위원회의에서 "무상급식 주민투표로 당이 수렁에 빠졌다."면서 "지금이라도 중앙당이 (무상급식 주민투표에) 어느 정도 거리를 두는 것이 맞다고 본다."고 했다.

반면에 나경원 최고의원은 "오세훈 시장이 (백제의) 계백 장군처럼 혼자 싸우다 죽게 해서는 안 된다."면서 당의 총력 지원을 요구했다. 아울러 매체와의 인터뷰에서 "친박과 소장파는 남의 일처럼 생각하고 있고, 친이는 이미 와해돼서 보이지 않는다, 운명 공동체라는 생각 없이 오히려 오 시장과 차별화하는 게 이익이라고 보는 것 같다."고 했다.

무상급식 주민투표에 정치 생명을 걸다시피 한 오 시장에게 힘을 실어 주고 지원 방안을 논의하기 위한 자리를 한다고 하지만 국회의원 머리에는 총선만 있는 것 같다. 각자도생(各自圖生)을 위해 주판알만 튕기고 있다.

주민투표가 한동안 잠잠하던 계파 갈등을 촉발하고 있다. 친박, 친이, 소장파 이념보다는 정치적 지형에 따라 다른 목소리를 내고 있다. 한나라당은 언제나 갈기갈기 찢어져 딴 살림을 산다는 국민들의 핀잔에 개의치 않는 모양이다. 총선 위기를 말하지만 엄살 같다. 하나가 돼도 총선에서 이길까 말까 한데 허구한 날 물어뜯고 있다.

계백(階伯)은 망한 나라 백제의 비극을 상징하는 인물이다. 죽을 줄 알면서도 최후의 선택을 순순히 받아들인 충절과 용기가 후세에 길이 빛났다. 오세훈 서울시장이 계백? 한나라당의 비극의 상징이 오세훈? 오세훈 서울시장은 죽을 줄 알면서도 최후의 선택을 한 것일까? 무지렁이가 판단하기에는 어렵다.

680년의 역사를 지닌 백제가 폭군 의자왕의 과도한 음주가무 때문에 망했다고 알고 있지만 역사는 승자의 기록 아닌가. 깊이 들어가 보면 백제의 고립이 멸망의 원인이었다. 백제에 대해 무지하지만 계백 장군만큼은 제대로 알고 있다. 계백이 무너져 백제가 망한 것은 아니었다. 오세훈 서울시장이 무너진다고 한나라당이 쉽게 무너지지는 않을 것이다. 그러나 오세훈 시장을 고립시키면 한나라당이 망하는 쪽으로 걷는 것이라고 본다.

24일 투표 결과가 어떻든 한나라당 내분의 단초가 될 것이 뻔하다. 이겨도, 져도 피 터지는 싸움이 일어날 것이다. 정체성 없이 계파 싸움만 하니 내년도 총선과 대선을 앞두고 정통보수 일부에서 '신당(新黨) 창당론'이 제기되고 있지 않은가. 한심하고 개탄스럽다.

24일은 '무상복지 포퓰리즘'에 대한 국민의 의중을 아는 날이다. 국가와 민족의 운명, 대한민국의 미래와도 관련된 사안이라고 본다. 단순히 재밋거리로 흥미진진하게 볼 게 아니라고 생각한다.

김만수 부천시장을 주민소환하기 위한 움직임이 분주하다. 주민소환이 여기저기서 터져 나온다. 지방자치단체장에게 불만이 많은 모양이다. 무상급식 주민투표에 비할 것은 아니지만 어떻게 전개되느냐에 따라 태풍의 눈이 될 수 있다.

다수는 그런다. "성공한 주민소환은 없었다고." 주민소환은 공동위원장으로 선출된 부천시정비사업총연합 장재옥 회장, 부천시여성단체협의회 박성희 회장, 부천시추모공원추진비상대책위원회 이상훈 위원장의 행보에 부천시민이 얼마나 동조하고 참여할 것인가에 달려 있다.

김만수 시장의 마음은 어떨까? 내공이 있어 눈도 깜짝 안 할 수 있다. 그러나 이런 움직임이 왜 일어나는지 곱씹어 봐야 한다. 이념이 다르다고, 당이 다르다고, 다른 목소리를 낸다고 권력으로 제압하기 바빴지 대화를 하지 않았다. 그놈의 '소통'은 어디로 간 것인가. 부천의 지도층은 부천의 미래를 생각해 이 사태에 한 마디는 해야 하지 않을까.

김만수 시장 입에서 "시장 못해 먹겠다."는 말이 안 나와 그나마 다행이다. 지방정권이 바뀔 때마다 '주민소환' 이야기가 나오는 것은 불행이다. 김만수 시장의 통 큰 정치를 보고 싶다.

▌정치인의 운명(Destiny)은 유권자의 손에!

"당신은 행복하십니까? 민주주의가 무엇이라고 생각하십니까?"라는 질문을 받는다면 열에 아홉은 더운 여름에 무슨 생뚱맞은 질문이냐며 버럭 화를 낼 것 같다. 세계 각국을 대상으로 한 행복도 조사에서 한국은 중하위권에서 맴돌고 있다. 행복하다는 국민이 브라질은 57%에 달한다면 한국인은 7%에 불과하다.

민주주의? 원론적으로 너나 할 것 없이 국민이 나라의 주인이 되는 세상을 말한다. 국민이 주인이라고 천만에, '고위공무원, 재벌, 국회의원이나 정치인의 나라'라고 보는 시각이 지배적이다. 정치인들은 흔히 국민의 종이나 머슴이 되겠다고 하지만 말뿐이다. 사회 곳곳에서 민주주의가 위협받는 일들이 일어나고 있어서 그런지 민주주의가 살아 있다고 생각하는 국민은 많지 않은 것 같다. 그래서 행복을 느끼는 민초는 7%도 안 될 것 같다.

부당한 대우를 받는 비정규직 문제, 대기업의 등살에 위태로운 중소기업의 생존권 문제, 거대 유통기업이 넘보는 영세 상권의 문제 등, 정치영역뿐만 아니라 국민들의 일상생활에 직접적인 영향을 미치는

53

사회 경제 영역에서도 민주주의 제도는 크게 흔들리고 있다.

바야흐로 정치의 계절이라 민주주의 국가에서 민초들이 살맛 나도록 해 주겠다는 정치인들이 꿈틀거리고 있다. 내년 총선에서의 안철수·박경철 조국의 운명은? 대선에서 한나라당 박근혜 전 대표, 오세훈 서울시장, 김문수 경기도지사, 민주당 손학규 대표, 유시민, 문재인의 운명은? 그들의 운명에 민주주의가 달려 있고 국민의 운명도 엇갈리게 될 것 같다.

운명 (Destiny)의 사전적 의미는 '인간을 포함한 모든 것을 지배하는 초인간적인 힘. 또는 그것에 의하여 이미 정하여져 있는 목숨이나 처지'이다. 마치 정치를 하는 것이 자신의 권력의지보다는 운명이라고 하는 대표적인 인물이 문재인 노무현재단 이사장이다. 기존의 정치인과 달리 권력을 좇겠다는 것이 아니라 운명을 따르겠다고 하니 국민들이 열광하는 것 같다.

문재인 이사장은 노무현 전 대통령 서거 2주기를 맞아 노무현 전 대통령과 참여정부 비사를 비롯한 30년 동행의 발자취를 기록한 『문재인의 운명』 책을 내놓아 폭발적인 인기를 끌고 있다. '문재인의 운명' 북 콘서트를 가지면서 대중과 호흡을 하고 있다. 노무현 전 대통령의 그림자로 머무는 것이 아니라 현실 정치 무대에서 주연(主演) 역할을 하고 있다. 피에로처럼 마냥 웃고만 있지 않겠다는 것이다. 지지율이 10% 내외로 치솟아 유력한 대권 후보로 거론되고 있다.

권력의지가 없어 보이는 서울대 융합과학기술대학원장이자 '국민 멘토' 안철수, 팔방미인 시골의사 박경철 씨의 이름이 정치권에서 오르내리고 있다. 선거철만 되면 기존 정치인들은 참신한 인물을 찾는다. 정치인을 혐오하니 사회에서 존경과 신뢰를 받는 사람을 끌어들여 4급수 정치판을 3급수로 만들고 싶어서가 아닐까.

참신한 인물에 흙탕물이 튈까 가슴 졸이는 사람들도 있겠지만 개인적으로 그들이 신선한 정치를 보여 줬으면 하는 바람이 있다. 물론 기존 정치인의 '노리개, 하수인'될까 봐 두렵기도 하지만 우리나라 정치를 바꾸려면 운명에 몸을 맡겼으면 한다. 당사자들은 정치에 직접 발을 들여놓지는 않겠다는 의사를 누차에 걸쳐 분명하게 밝혀 오고 있지만 어느 날 "운명입니다."라고 할 수 있다.

부천시에서 정치를 하는 정치인의 운명은 어떨까? 현역 국회의원은 스펙도 좋고 권력의지가 대단하다. 원혜영 의원은 4선이 무난하다고 한다. 변수가 없다고 한다. 여론이 그렇다. 차명진, 임해규 의원도 권력의지가 대단해 쉽게 권력을 이양할 것 같지 않다. 본인들이야 권력을 내려놓고 싶지 않겠지만 유권자에 달려 있다.

운동권 출신 차명진, 임해규 의원에 대해 유권자들은 존경과 흠모가 절절한가? 6년 동안 국회의원으로서 무엇을 했느냐고 물으면 어떤 답을 할까? 서울대 융합과학기술대학원장이자 '국민 멘토' 안철수, 팔방미인 시골의사 박경철 씨처럼 희망의 메시지를 얼마나 줬을까? 유권자들이 조만간 답을 내놓을 것이다.

권력의지가 강한 정치꾼을 보면 혐오스러울 수 있지만 정치인에게는 권력의지가 무엇보다 중요하다. 권력을 가지면 말과 행동이 달라진다. '종이나 머슴, 상머슴'을 입에 달고 다닌 운동권출신 국회의원, 진짜로 국민의 종이자 머슴 역할을 했나? 한국인 7%만 행복하다고 한다. 기득권을 가진 그들만 행복하다는 것 아닌가. 서민들은 등록금, 월세, 생계비 때문에 여름휴가는 고사하고 생존하기 위해 머리를 쥐어뜯고 있다.

운동권 출신 정치인은 뭐가 달라도 달라야 했다. '나는 보수다.' 하면서 보수다운 모습을, '나는 운동권 출신 국회의원이다.'라면서 도덕성을 보여 줬다면 시민들이 등을 돌리지 않았을 것이다. 운동권 출신이라는 훈장으로 정치인으로 변신하여 충분히 보상을 받았다.

민주화 운동권 출신이 기성 정치인보다 깨끗한 정치한다고 감히 말할 수 있을까? 부르주아 못지않은 생활에 젖어, 초심을 잃고 어떻게 머슴을 하겠다는 것인가. 안타깝다. 유권자들의 시선이 싸늘하다. 운명에 맡길 수밖에 없다고 할 수 있다. 집권당에서 재선의원으로 권력 맛을 만끽해 아쉬울 것이 없을 수도 있다. 권력을 만끽할 때 부천시의 보수세력은 분열되고 붕괴되었다. 책임 없다고 할 수 없을 것이다.

보수의 운명은 어떻게 되나? 김만수 시장, 원혜영 의원 + 알파(α)가 현실화된다면 간장 종지에 코를 박고 반성해야 한다. 노무현 대통령 서거 1주년 기념, 사후 자서전『운명이다』에다『문재인의 운명』진보는 '운명'을 들고 나와 여론몰이를 하고 있다. 보수는 '숙명'이라도 들고 나와야 하지 않을까? 보수세력은 정신 차려야 한다.

▌수당은 아무나 챙기나? 힘 꽤나 쓰는 분들 몫

윗물이 맑아야 아랫물이 맑지!

밤마다 비 소리에 잠을 제대로 못 자는 사람들이 많다. 전국 곳곳에서 물난리가 났다. 하수도의 총체적 부실로 도로가 잠기고 교량이 유실되고 빗길사고로 인명피해가 속출했다. 여름에는 더위가 두려운 것이 아니라 이젠 기습적으로 내리는 비가 두렵다고 하겠다. 기습폭우로 부천시에서도 피해가 적지 않을 것이다.

비로 인한 배수효율 저하로 도로 곳곳이 움푹 팬 곳이 많아 운전하기에 위험스럽다. 폭우로 아스팔트도로 가장자리는 흉물스럽게 허물어져 나갔다. 무상급식, 복지예산 편성에 밀려 예산 확보가 어려워 부분 보수나 하는 땜질식 처방밖에 할 수 없다고 한다. 세금을 허투루 쓰면서 예산타령만을 하는 공무원을 보면 개탄스럽다.

매년 장마가 있듯이, 매년 사회 지도층의 부정과 비리도 끊이지 않는다. 지위고하를 막론하고 '세금 도둑놈'이 널려 있다. 예산 낭비를 줄이면 움푹 팬 도로 때문에 운전자들이 등골이 오싹하는 일은 없을 것이다.

고위공직자들의 도덕불감증을 지겹도록 듣고 보고 있다. 부산저축은행 사건, 함바 비리 사건, 국토해양부의 제주도 연찬회 향응 사건,

반값 등록금과 관련된 교육계 각종 비리까지 일일이 열거할 수 없을 정도로 들추는 곳마다 썩은 냄새가 진동하고 있다. 기습폭우가 내린 이유가 이것 때문은 아닐 텐데, 괜히 그런 느낌을 지울 수가 없다.

세금 감시하라고 국회의원 뽑아 줬더니 피감기관 돈으로 해외연수나 다닌다. "피감기관의 돈으로 해외연수를 간 게 문제라면 문제일 수 있지만, 해외의 유명 과학기술관을 국회의원도 가 봐야 하지 않나?"라는 해명에 도덕불감증의 심각성을 알 수 있다. 시의원 삼선, 국회의원 재선 배지를 16년 동안 달다 보니 염치도 없고 세금이 우습게 보이는 모양이다.

국회 인사청문회 때마다 드러나는 고위공직 후보자들의 위장전입, 부동산 투기, 탈세, 병역 면제 등은 더 이상 뉴스감이 아니다. 우리나라에서 '한 자리' 하려면 이 정도는 부끄러운 짓도 아무것도 아니라고 생각하는 모양이다. TV 화면에 비치는 그들의 모습에는 오히려 당당함이 배어 있다.

이젠 국민들은 분노마저 하지 않는다. 사회지도층이 나라를 망치고 있다. 국제투명성기구가 조사한 우리나라 국가청렴도지수는 5.4점으로 경제협력개발기구(OECD) 회원국 중 22위에 불과하다고 한다.

지역에서는 주민자치위원의 수당 문제가 불거졌다. 낯 뜨겁다. '수당 챙기기'는 주민자치위원만의 문제일까? 각종 위원회에서 '눈 먼 수당' 챙겨 가기는 양심과 염치가 필요 없었다. 시의원도 역량을 얼마나 발휘하는지 몰라도 각종 위원회 위원으로서 수당을 받아 가고 있고, 힘 꽤나 쓰는 각종 위원회 소속 위원들은 사익을 위한 정보와 수당 챙기기에 급급하다는 비판에 자유롭지 못했다. 우스갯소리로 위원회 위원 수당으로 생계를 꾸려 간다는 유명인사도 있다고 한다.

‘수당 챙기기’에 시의원은 양심껏 문제제기를 할 수 있을까? 주민자치위원의 수당문제 그동안 모르지 않았을 것이다. 동네의 오피니언 리더에다 힘 꽤나 쓰는 분들의 표를 의식해 묵인에다가 방조한 측면도 없지 않다.

부천시청 아무개 과장은 업자와 골프를 친 사실이 드러나 경찰의 조사를 받고 있지를 않나, 시의원은 각종 이권에 개입한 사실이 들통나 사과를 하는 등 도덕적 해이가 심각한 수준이다. 부도덕하게 거래하는 검은돈이나, 눈 먼 수당이면 충분히 움푹 팬 아스팔트 구덩이는 메울 수 있을 것 같다.

부천시의회 C의원은 모 직원의 인사와 관련, 공무원을 협박한 사실이 들통 나 사과를 하고, E의원은 모 기관장과의 식사자리에 건설업자를 동석시킨 뒤 신축공사입찰을 부탁하기도 하고, 평소 알고 지내던 지인의 승진인사도 부탁했다고 한다. 부천시의원 27명 중 C는 누구, E는 누구인가. 실명공개를 해, 부천시민이 알 수 있도록 했으면 한다. 이건 명예훼손이 아닐 것이다.

힘들다, 팍팍하다면서 서민들은 꼬박꼬박 세금을 낸다. 먹고사는 데 지장 없는 동네에서 힘 꽤나 쓰는 양반들이 부도덕하고 비양심적인 행동으로 세금 도둑질을 하면 되겠는가. 윗물이나 아랫물이나 너무 썩었다. 누가 누구에게 손가락질도 못하겠다. 국회의원, 시·도의원 ‘고양이에게 생선을 맡긴 꼴’이라는 지적이 안 나오도록 잘했으면 한다. 윗물이 똥(shit)물이라는 냉소적인 말을 듣고 싶지 않다면 몸가짐, 마음가짐이 달랐으면 한다.

이웃을 위한 봉사활동에 열정을 쏟던 젊은 인하대생들의 안타까운 희생에 깊은 조의를 표한다.

▎뉴타운 사업으로 민심과 표를 따먹었다

산딸기든 뭐든, 남의 것을 따먹었으면 책임을 져야 한다.

'산딸기를 따먹었다'는 표현은 국어책에도 볼 수 있는 글이지만 '여자를 따먹었다'는 표현은 19세 미만 관람불가 영화인 <어우동>, <무릎과 무릎사이>, <애마부인>, <깊고 푸른 밤>, <쌍화점> 등에서나 들을 수 있는 말이다. 비속어이고 굳이 영어로 표현하자면 'rape: 강간하다' 아닐까. '따먹었다' 이야기를 왜 하는지 감을 잡았을 것이다.

지난해 걸그룹 '소녀시대'에 대해 '쭉쭉 빵빵'이라는 표현을 해 성희롱 논란에 휩싸였던 김문수 경기도지사가 이번에는 "춘향전은 변사또가 춘향이 따먹는 이야기"라고 말해 물의를 빚고 있다.

김 지사는 대권을 꿈꾸는 정치인이라 정치적 무게감 때문에 일거수일투족이 가십거리가 된다. 김 지사는 '노이즈 마케팅'을 제대로 하는 것 같다. 차명진 의원은 '황제 식사'로 곤혹을 치르더니 김 지사의 불쾌한 성비하 발언이 당분간 인터넷에서 떠돌아다닐 것 같다. 김 지사 캠프에서는 덧칠된 '따먹는 지사' 이미지로 지지도가 떨어질까 봐 안절부절못하겠다.

김 지사는 22일 오전 7시, 서울 그랜드인터컨티넨탈호텔에서 열린 한국표준협회 초청 최고경영자조찬회에서 "춘향전이 뭡니까? 변 사또가 춘향이 따먹으려고 하는 거 아닙니까."라고 말했다. 녹화 영상을 보니 수강생들이 웃고 즐거워했다. 강의를 하다 보면 수강자들을 위해 은어나 비속어를 쓰는 것이 허다하다. 딱딱한 분위기를 깨고 흥미를 유발하기 위함이다.

어제 꿈빛도서관에서 인문학 강좌를 들었다. '성공을 위한 지혜, 고전에서 배우다' 강좌를 가능한 끝까지 들으려고 한다. 강좌는 재미있었다. '신라시대 여왕의 통치' 서강대 교수의 강의에 수강생들은 만족했다. 필자 역시 재미있는 장편영화를 보는 것처럼 3시간 강의가 지겹지 않았다.

강의 내용도 좋았지만 때에 따라 성인들이 들어 웃고 넘길 수 있는 비속어로 웃음을 줘 졸지 않고 집중할 수 있었다. 추측컨대, 교수도 춘향전 강의였다면 "변 사또가 춘향이를 따먹으려고……", "변 사또가 춘향이를 어떻게 해 보려고 권력을 악용했다."고 하지 않았을까? 아니, 얌전한 교수는 아마도 "변 사또가 춘향이 옷고름을 풀고 싶어 안달했다."라고 할 것 같다.

김 지사의 언어선택은 강사로서는 문제가 될 수 없지만 대권을 바라보는 리더가 대중 앞에서 '따먹었다'라는 표현을 하는 것은 저급한 표현이라는 비난을 면할 수 없을 것 같다. 차명진 국회의원이나, 김문수 도지사 지지자들은 "변 사또가 춘향이 따먹지 그럼 잡아먹었나?" 하면서 맞는 말을 했다고 할 수도 있겠지만 특히 여성들이 듣기에는 불쾌하기 그지없을 것 같다.

김 지사는 2006년 지방선거에서 뉴타운 사업을 핵심 공약으로 내놓고 민심과 표를 따먹었다(?). 사업 초기에는 대부분 주민이 적극적이었고 호응이 좋았다. 정치인은 뉴타운 사업에서 자유로울 수 없다. 당선을 위해서 다들 뉴타운 사업을 밀어붙이겠다고 했다.

2007년부터 부동산 경기의 침체에 따라 뉴타운 사업이 골칫거리가 되었다. 김문수 경기도지사는 도 출입기자들과의 점심 간담회에서 "뉴타운 사업이 실패가 아니냐고 하는데, 초기에 생각한 것에 비해 실패"라며 "내가 시작한 것이 맞다. 책임을 피하지 않겠다."고 밝혔다. 2006년 지방선거에서 뉴타운 사업을 핵심 공약으로 내놓고 당선된 김 지사가 뉴타운 사업 실패를 인정하는 발언을 한 것이다.

김 지사의 뉴타운 사업 실패를 인정하는 발언이 나오자마자 기다렸다는 듯이 김만수 시장은 부천시 뉴타운 지원계획 등 김문수 지사의 구체적인 입장표명을 요구하고 나섰다. 김만수 시장은 성명을 통해 "김문수 경기도지사가 기자단 간담회에서 '뉴타운 사업은 실패한 사업'이며 '책임을 피하지 않겠다'고 공개 사과했다."며 "뉴타운 사업을 취소할 수 있는 법적인 근거와 구체적 절차를 명확히 제시해 줄 것"을 촉구했다.

아울러 "김문수 지사는 부천시에 대한 구체적 지원계획을 밝혀 책임지는 모습을 보여 주어야 한다."며 "말로만 책임을 남발하는 것은 책임 있는 도지사의 모습은 아니다. 실패한 사업이라 규정했다면, 더 이상 그 실패가 지속되지 않도록 중단할 수 있는 구체적 절차와 방법을 제시하라."고 김만수 시장은 일갈했다.

김문수 도지사가 뉴타운 실패에 어떻게 책임질 것인지 궁금하다. 또한 김만수 시장도 책임을 어떻게 질지 궁금하다. 비록 소사구에서 낙선을 했지만 총선에서 뉴타운 사업을 약속했고, 6·2 지방선거에서도 시민들이 만족할 수 있는 뉴타운 사업을 추진하겠다고 한 것으로 알고 있다. 마냥 모든 책임을 도지사에게 떠넘길 수 없는 처지다.

인문학 강좌에서 '미실'과 '화랑세기' 이야기도 나왔다. 김별아 작가의 『미실』책에서 미실은 섹스와 권력의 화신(化身)으로 묘사되어 있다. 5대 풍월주 사다함과 정을 통하다 6대 풍월주 세종과 결혼한 뒤 7대 풍월주 설화랑과도 사귄다. 진흥왕과 그의 아들 동륜·금륜과도 모두 관계했으며 왕 곁에서 직접 정사(政事)에 참여해 권력을 쥔다. 미실의 색공(色供)은 어떻게 표현해야 하나? '미실'이 남자를 따먹었다고 해야 하나.

낮은 신분의 사람이 높은 신분의 사람과 성관계를 맺고 그것을 통해 사회·정치적 관계를 확대해 나가는 색공(色供)이 역사 속의 인물로만 존재하겠는가. 성공의 사다리를 타기 위해 현대판 색공(色供)이 존재할 수도 있다. 타임머신이 존재하지 않는 한 정확하게 알 수 없는 것이 역사 속의 인물이지만 '미실'이라는 캐릭터가 허구라고 생각하지 않는다.

김문수 지사나, 김만수 시장이 뉴타운 사업 공약으로 민심, 표를 따먹은 만큼 책임을 져야 한다. 변 사또가 춘향이 따먹고 책임 안 지는 것과 뭐가 다른가? 산딸기든 뭐든 따먹었으면 무조건 책임을 져야 한다. 정치인의 말과 글은 득(得)보다는 독(毒)이다. 정치인들은 독(毒)인 줄 알면서 말을 하고 글을 써댄다.

▌나는 시장(mayor)이다

여야, 얽히고설킨 악연을 떠나 소통하는 시장이 되었으면 한다.

이명박 대통령은 민생점검 공직윤리 토론회서 "도대체 나라가 어떻게 될 것인가?"라며 "온통 나라 전체가 비리투성이 같다. 공무원들이 어디 가서 연찬회 하면 업자들이 뒷바라지해 주던 게 오래전부터 있었다. 이게 어제오늘 일이 아니다. 그게 관습적으로 돼 왔다."고 지적했다. 대통령은 단순히 비평을 했지만 고위공무원, 정치인들이 비리에 연루되는 모습을 지켜보는 국민들의 마음은 어떨까? 더운 여름 짜증이 제대로 밀려온다.

국민은 MB를 믿었다. 사실 MB정부 아래에서는 서민들이 부자가 돼 등 따습고 배부르게 먹고, 아이들 등록금 걱정 안 할 줄 알았는데 가계부채로, 배신감으로 밤잠을 설치며 잠을 못 자고 있다. 장차관 국회의원 판검사 재산은 하늘 높은 줄 모르고 치솟고 서민들은 전세금이 뛰어 이 동네 저 동네 이사 가기 바쁘다. 세계 13위 경제대국, G20 정상회의 의장국이 무슨 의미가 있는가.

"이명박 정권은 레임덕이다. 김만수 지방정권은 아직 레임덕이 아니다"라는 말에 동의하는 시민들이 많을 것이다. MB 정권은 '고소영,

강부자 내각'으로 시작했고, MS 지방정권은 모 국회의원 꼭두각시, 야권 단일후보라는 이유로 부천시정운영공동위원회 '오더에 의한 인사'로 시작했다는 시각이 지배적이다.

MB 정권은 공기업의 사장, 감사 자리에 대선캠프 출신이나 MB의 외곽 지지자 그룹에서 공이 큰 인사들을 대거 임명했다. 문민정부, 국민의 정부, 참여정부와 다를 게 없는 과거의 반복이었다. 청와대 정무1비서관을 지낸 김해수 한국건설관리공사 사장은 금품수수 의혹으로 검찰 수사 선상에 오르고 있고, 대선 캠프 BBK 사건 변호사로 활동한 한 감사원 감사위원은 지금 감옥에 있다. 확실한 레임덕의 징조다.

김만수 시장은 정권 초기 모 신문 인터뷰에서 "이번 선거에서 크게 빚진 사람이 없기에 '보은(報恩) 인사'는 걱정하지 않아도 된다. 문화재단 등 산하기관에도 능력이나 자질을 고려하지 않는 '갸우뚱 인사'가 없도록 하겠다."고 호언장담했고 또한 "권력층 친인척 인사나 전 지방권력과 연관된 사람들은 스스로 거취를 판단했으면 좋겠다."라며 측근을 위한 일자리 창출 작업을 했다. 현재 인수위 출신부터 선거에 도움을 준 동지들이 지방권력 요직을 차지하고 있다.

물갈이를 위해 공정, 소통은 온데간데없고 절차적 민주주의도 무시했다. 개방형 직위로 공모(?)한 감사실장에 윤주영 공인회계사를, 공모(?)에 의한 문화재단 대표이사에 김혜준 씨를, 한병환 씨는 옴부즈맨, 체육회 사무국장에는 윤원원 씨를 임명했다. 다들 인수위 출신이다. 김만수 지방권력의 실세다. 실세라는 말보다 '전문가'라고 불러주었으면 좋겠다는 부탁이 있어 '실세 겸 전문가'라고 불러야겠다. 지방권력 레임덕이 오면 측근들이 입방아에 오를 것이다.

김만수 시장이 쓴 『김만수와 지혜의 숲을 걷다』 책을 읽은 적이 있는데 서문에 이런 내용이 있었다.

"제가 존경하고 좌표로 삼고 배우는 정치인은 노무현 대통령과 원혜영 국회의원입니다."

진보적이고 훌륭한 분 밑에서 정치를 배워 비난하고 질타한 보수 전 시장하고는 다른 모습을 부천시민은 기대하고 있었다. 그러나 기대만큼 진보의 모습을 보여 주지 못해 아쉽다.

MB 정권은 정실(情實)주의의 관행을 끊지 못했다. 공정한 사회를 외치고 있지만 고위 공무원, 정치인의 일탈을 보면서 국민들은 증오, 분노로 폭발 직전이다. 김만수 지방정권도 정실(情實)주의의 관행을 끊지 못하고 있다. 김만수 시장은 취임 1주년 기자회견 소식을 들으니 세월이 총알 같다는 느낌을 지울 수 없다. 지역 신문을 훑어보면서 기자회견 내용을 대충 알 수 있었다.

한참 일할 정권 초기 김만수 시장은 야권 단일후보라는 업보에 의해 자기 색깔을 내지 못했다. 급조된 시장이다 보니 시정을 이끌어 갈 마스터플랜이 없었고, 지방권력을 잡기 위한 야권 단일후보였던 태생적 한계로 간섭하는 사람과 단체가 많아 어려움을 겪고 있다는 측근들의 말을 들을 수 있었다. 이상스러운(?) 기구 '부천시정운영공동위원회'를 즉시 해체하고 김만수 시장의 발목을 더 이상 잡아서는 안 된다.

김만수 시장은 취임 1주년 기자회견에서 "'시장이 바뀌니까 부천이 생기 있게 변화됐다'라는 이야기를 들을 때 가장 보람이 있었다."고 말했다. 당연하다. 진보세력이 권력을 잡기 위해 시민단체, 노동단체 등 소위 힘 꽤나 쓰는 단체, 사람들은 김만수 시장에 빌붙었다. 그 이후 제대로 된 비판세력은 사라졌고 권력을 향유했다. 권력에 납작 엎드리고 있다. 권력을 나눠 갖는다고 그들만 생기가 돌았다.

1년 가까이 비판 글을 쓰면서 김만수 지방권력의 속내를 들여다보았다. 김만수 시장은 소탈하고 탈권위적이다. 참여정부 핵심이었던 김만수 시장은 탈권위적인 것이 몸에 배었다. 김만수 시장은 젊고 똑똑하고 유머감각도 있어 정치인으로서 좋은 점을 가졌다. 그럼에도 좋은 정치인으로, 행정인으로 부각되지 못해 안타깝다.

'김만수 시장 집무실에도 CCTV설치 하나?' 칼럼을 지역신문에 게재한 이유가 있다. 김만수 시장은 부자가 아니었다. 토박이도 아니었다. 선거는 조직과 돈이다. 6·2 지방선거 때 순수하게 도운 사람도 있었겠지만 권력자 옆에서 떡고물을 챙기겠다는 무리도 있었을 것이다. 깨끗하고 공정하지 못한 정치현실에서 어느 부분 인정해야 할 일이다. 그래서 지금부터 레임덕은 아니지만 위험한 순간에 들어섰다고 본다. 챙겨 줘야 한다는 조급증에 빠질 수 있다.

필자는 부천시를 위해 김만수 시장을 보호해야 한다고 본다. 뇌물수수, 금품 공여 등으로 다수의 지방자치단체장과 지방의회 의원들이 구속되었고 앞으로도 언제 구속될지 모른다. 권력형 비리와 토착비리 근절이 말처럼 쉽지가 않은 모양이다. 악마의 덫에 누구나 빠질 수 있다. 측근들이 즉, 실세들이 잘해야 한다. 김만수 순장조(殉葬組)는 주변관리를 잘해야 한다.

2년 뒤 취임 3주년 기자회견에서 "도대체 부천시가 어떻게 될 것인가."라며 "온통 부천시 전체가 비리투성이 같다. 공무원들은 복지부동에다, 허위로 출장 처리를 하거나 직원 출장비 중 일부를 환수하고 관련업체 등에서 받은 금품으로 공통 경비를 조성, 과 회식비 등으로 사용하기를 하지 않나, 공무원들이 퇴근 후에 민원과 연결된 업자들과 룸살롱에서 유흥을 즐기는 것을 관습적으로 해 왔다."라고 지적하는 일은 없었으면 한다.

정권 말로 가면 공직 전반에 일할 분위기가 흐트러지는 것이 사실이다. 지방선거가 다가오면 줄서기로 난리가 난다. 하지 말라고 해도 승진과 출세를 위해 권력자에 빌붙는다. 김만수 지방정권 탄생에 밀알 역할을 한 공무원은 한 자리씩 꿰차 부러움과 시샘을 동시에 사고 있다.

정권 2년, 과연 김만수 시장은 부천시와 부천시민을 위해 무엇을 할 수 있을까? 총선·대선으로 온 나라가 시끄러울 것이고, 덩달아 부천시도 떠들썩거릴 것이다. 김만수 시장 역시 정치인이다 보니 정치판을 나 몰라라 하지 못할 것이다. 정치인으로서, 행정가로서 분주할 것이다. 김만수 시장이 부천시를 위해 일할 시간은 그리 많지 않다.

김만수 시장은 "시장일은 노가다였다."고 했지만 노 전 대통령처럼 "시장 못해 먹겠다."며 권력을 내려놓지는 않을 것이다. 지금 이 시간에도 정치적 야망을 가진 정치인들은 서로 '노가다'하겠다고 머리 터지게 정치를 하고 있다. 그동안 줄기차게 비판을 했지만 부천시, 부천시민을 위해 고생한 김만수 시장에게 큰 절을 올린다. 초심을 잃지 않고 여, 야 얽히고설킨 악연을 떠나 소통하는 시장이 되었으면 한다.

"나는 부천시장이다."라고 외치는 김만수 시장에게 뜨거운 박수와 감동으로 눈물을 흘리는 부천시민이 많았으면 한다. 김만수 시장의 표현대로 '노가다'한다고 고생한 것을 인정하고 싶다. '헛 삽질, 내용 없는 노가다'하다가 만 시장이라는 말을 안 듣도록 남은 임기 동안 잘했으면 한다.

▌책 읽어 주는 남자 되자

고향집 도천동에서 박경리 기념관, 전혁림 미술관, 김춘수 유품 전시관은 차로 30분 거리이고, 도천테마파크 안에 있는 윤이상 기념관은 고향집에서 걸어서 5분 거리라 고향에 들리면 산책하는 곳이다. 어린 시절을 되돌아보면 풍부한 예술적인 감성을 물려받고 아름다운 자연 속에서 성장할 수 있었던 것은 축복이었던 것 같다.

통영은 예술의 도시이다. 윤이상, 윤치환, 유치진, 김춘수, 박경리 등 우리 문학과 예술계의 거목들이 많이 태어나거나 머무른 곳이다. 고향이 통영이라고 하면 다들 부러워한다. 예술의 도시라고 하지만 어릴 때는 몰랐다. 지방자치단체마다 자기 고장을 홍보하고 관광객을 유치하기 위해 명소를 만들기 위해 발 벗고 나선다.

통영 역시 해마다 달라지고 있다. 내 고향 통영이 이렇게 아름답다는 것을 방문할 때마다 느낀다. 개발에 의한 포장이 아니라 나이가 들어가면서 자연을 더 사랑하게 된 것은 아닐까. 예술적 기질은 없지만 감성이 풍부한 것은 아름다운 고향을 둔 덕인 것 같다.

영화에 빠져 한때 영화 마니아였던 적이 있다. 종로의 서울, 단성

69

사, 피카디리, 허리우드 극장, 충무로와 을지로의 국도, 스카라, 명보, 대한극장을 휘젓고 다녔다. 요즘은 영화보다는 책을 좋아한다. 책을 가까이 한다고 해서 그렇다고 책에 파묻혀 사는 것도 아니다.

사업장 운영 때문에 골머리 아프고, 월세, 세금 내는 날이 다가오면 등골이 오싹하다. 난장 글에서 혈세를 낭비하지 말라고 하는 것은 세금 내는 시민의 입장에서 하는 말이다. 정치가 뭔지 모르겠지만 정치판에서 허우적거리다 보니 스트레스를 풀기 위해 일부러 책을 잡는지도 모르겠다.

한국인이 일주일에 독서에 투자하는 시간은 3시간 남짓이라고 하는데 하루에 2시간은 투자 하는 것 같고, 남성 직장인이 술값에 지출하는 금액이 20만 원인 데에 반해, 책값으로는 2만 원가량을 투자한다고 하는데 술값은 더 지출하는 것 같고, 책값으로 지불하는 금액은 엇비슷하다. 요즘 나에게는 책 선물이 제일 좋다. 술 사 준다는 사람보다는……

'난장질'을 시작한 후 도서관, 서점을 자주 찾게 되었다. 글을 쓰는 데는 다독이 필요하다. 난장질을 언제까지 할 줄 모르지만 하는 동안 다독을 할 수밖에 없을 것 같다. 자주 찾는 도서관이 있다. 부천시립도서관은 집에서 가까워서, 한울빛도서관은 소사체육관 수영장을 찾을 때나 외곽으로 빠질 때 들리곤 한다. 토요일 오후에는 간편한 복장으로 슬리퍼를 질질 끌고 안락하고 포근한 해밀도서관을 찾는다.

비장애인과 장애인이 자연스럽게 어울릴 수 있는 도서관이다. 해밀도서관은 시각장애인용 자료(점자·녹음·통합·촉각도서)를 제작하고 제공하기 위해 특화된 도서관이지만 장애 유무와 상관없이 지역주민이 함께 이용할 수 있는 통합도서관으로서의 서비스를 제공해

'아름다운 도서관', '아름다운 동행의 장'이라고 할 수 있다. 들릴 때마다 아늑하다는 것을 느낀다.

　부천에 있는 다른 도서관에 궁금증이 생겨 꿈빛 도서관 구경 갔다가 인문학 강좌가 있다는 것을 알고 인문학 강좌를 들었다. 호기심에서 수강하게 되었다. 어떤 분들이 강의를 들을까? 책벌레 구성원이 궁금했다. 저녁 7시에서 9시까지 강의 시간인데 직장인들이 얼마나 참여할까? 남자들은 얼마나 될까? 예상은 크게 어긋나지 않았다.

　70명 수강생 중 60명 정도가 여자였고 첫째 주, 둘째 주 갈수록 여자들은 눈이 초롱초롱했지만 남자 수강생들은 강의 중 고개 숙이고, 10명에서 7명, 5명으로 줄어들었다. 강사가 남자여서 그랬나. 강사는 정말 열심히 했는데 말이다.

　셋째 주 <더 리더-책 읽어 주는 남자(The Reader)> 영화와 책이야기를 강사가 했다. 책은 서점에서 반 정도는 읽은 것 같고 영화로 제대로 봤다. 강사는 숙제를 내주었다. 내용을 듣고 있는데 여기저기서 전화가 와 강의실을 나올 수밖에 없었다. 남자들이 저녁 시간에 인문학 강의를 듣기가 어렵다는 것을 몸소 절실히 느꼈다. 넷째 주 수요일 저녁 그 술자리는 피할 수 없어 강의를 듣지 못했다.

　강사에게 숙제를 제출하지 못했지만 <더 리더> 영화를 보고 2009년 3월에 쓴 글이 있어 옮겨 본다.

　　더 리더-책 읽어 주는 남자(The Reader)

　　생애 최고의 연기 선보인 케이트 윈슬렛!

<타이타닉> 영화에서 풋풋한 케이트 윈슬렛을 기억하는 사람은 <더 리더-책 읽어 주는 남자> 영화로 2009 골든 글로브 여우조연상, 아카데미 여우주연상을 석권한 그녀의 연기를 보기 위해 기꺼이 극장을 찾을 것이다. 원작자 베른하르트 슐링크는 『책 읽어 주는 남자』가 영화화되기로 결정되었을 때 가장 먼저 '케이트 윈슬렛'을 떠올리며 그녀의 '원초적이고 순박한 느낌'이 한나(여자 주인공)와 유사하다고 생각했다고 한다.

영화 스토리, 감독, 주인공보다 여배우의 누드 장면이 회자되고 영화 전체를 대변하는 것처럼 뇌리에 각인된 영화가 있다. <색, 계>에서 양조위, 탕웨이의 거친 정사신, <원초적 본능>에서 샤론 스톤이 다리를 바꾸며 담배 피우는 장면의 노컷신은 어떤 강렬한 영화가 나온다고 해도 결코 잊히지 않을 장면이다. 결코 잊히지 않을 아름다운 누드신을 <더 리더> 영화에서 볼 수 있었다. 너무나 인상적이라 케이트 윈슬렛의 또 다른 매력을 만끽할 수 있었다.

소설 『책 읽어주는 남자』는 독일의 법대 교수이자 베스트셀러 작가인 베른하르트 슐링크의 대표작으로 2차 대전이 휩쓸고 간 독일의 1950~60년대를 배경으로 36세 여인과 15세 소년의 뜨거운 사랑을 담아낸 소설로 1995년 출간 당시 독일에서 논란을 불러일으킨 작품이다.

세대를 뛰어넘는 사랑, 전쟁 세대를 대표하는 여인과 그다음 세대를 대표하는 소년의 사랑이 담고 있는 시대적 함의와 딜레마를 담아내며 다양한 논란을 불러일으킨 이 작품은 독일 역사에 대한 중요한 텍스트를 담고 있어 독일 교과서에도 인용된 바 있다.

<더 리더-책 읽어 주는 남자> 영화는 처음으로 사랑을 경험하는 10대 소년 마이클과, 성숙하고 관능적인 30대 여성 한나의 만남과 사랑을 육체와 육체의 결합을 보여 준다. 책을 읽어 주고 샤워를 하고 사랑을 나누는 둘만의 특별한 방식의 사랑이 펼쳐지는 초반부의 리얼한 정사신들은 두 남녀의 격렬한 감정을 여과 없이 표출한다.

영화에서 두 남녀의 전라와 섹스는 특별하게 아름답게 포장되지 않고 담담하고 리얼하게 촬영되었는데 이것은 10대 소년과 30대 여성의 불균형의 조화를 한층 부각시키는 효과를 가져다주며 시대를 뛰어넘는 두 남녀의 파격적인 사랑을 사실적으로 보여 주는 역할을 한다.

무려 15분에 걸친 정사 장면이 등장하지만 이는 두 사람의 진실된 관계를 보여 주기 위한 장치일 뿐이다. 사춘기 시절 호기심에 여자와의 잠자리를 갖고 싶었던 소년과 외로움에 그 소년을 안아 버린 30대 여인, 두 사람의 첫 관계는 마치 여자가 소년에게 성 교육을 해 주듯 이뤄진다. 영화 <더 리더>는 '엘레지'와 마찬가지로 전미 여성 저널리스트 협회가 선정한 2008년 가장 리얼한 섹스&누드 영화로 꼽혔다.

소년과 연상의 여인 간 사랑은 아름답게 그려졌으며 이야기의 흐름은 관객들이 쉽게 이해하고 공감할 만큼 매끄럽다. 거대자본이 투자되는 영화 산업적 측면에서 제작자와 감독은 여배우의 누드신을 활용한다는 것을 부인할 수 없지만 누드신도 누드신 나름이다. 케이트 윈슬렛의 당당한 누드 연기가 압권이다.

다양한 독서 프로그램을 운영해 도서관에 가면 심심하지 않다. 부천에는 중앙, 심곡, 북부, 꿈빛, 한울빛, 책마루, 꿈여울, 해밀도서관 등 8개 도서관과 상동도서관이 개관을 앞두고 있다. 지역 주민들의 생활주변 가까이에 위치하고 있어 누구나 편리하게 책을 볼 수 있는 친근한 작은 도서관도 있다. 술집만큼 주변에 도서관이 깔려 있다. 남자들도 도서관을 자주 갔으면 한다. 술집 가는 만큼.

도서관 문화가 많이 바뀌었다고 한다. 나 역시 딸을 데리고 도서관을 찾는다. 아빠들이 아이들 때문에 도서관을 찾는 경우가 많다고 한다. 술도 좋지만 책을 가까이하는 남자들이 늘었으면 한다. 인문학 강좌나 도서관 문화행사에 넥타이부대들이 반을 차지할 날이 올 수 있을까?

종이책 냄새가 그 어떤 아름다운 여자의 향수 냄새보다 좋다면 당신은 책벌레다. 난 아직 여자의 향수 냄새가 좋다. 역동적인 것을 좋아하는 천성이라 책벌레가 되기는 글렀다. 도서관을 이용할 때마다 '사서' 고생하는 사서(司書)의 존재감을 느낀다. 고마울 따름이다.

▌참신한 새얼굴이 필요 없나?

국민들이 분노하여 판을 싹 갈아 주었으면 한다.

　　태양빛에 들어 있는 적외선과 뜨겁게 달궈진 지표면에서 방출되는 적외선에 의해서 날로 뜨거워진다. 컴퓨터 앞에서 자판을 두드리며 난장질을 하다 보니 기초 체력이 떨어지고, 뒤룩뒤룩 살이 다시 쪄 라켓을 잡았다. 골프 클럽이 아닌 테니스 라켓을 잡았다. 실내에서 즐기는 배드민턴이 아닌 강렬한 태양이 내리쬐는 실외에서 테니스를 며칠 동안 하다 보니 얼굴이 시커멓다.

　　오랜만에 코트에서 테니스 소식을 접해 보니 테니스 동호인들도 물갈이가 많이 된 것 같다. 젊은 피가 치고 올라오고 새얼굴이 많다. 여전히 코트 쟁탈전이 존재해 테니스 동호인끼리 치고받는 모습이 정치판과 다를 게 없어 아쉽다. 공공체육시설물이 특정 클럽의 소유물도 아닌데 왜 그런 유치한 짓을 할까? 편 가르기에 익숙한 세태가 한탄스럽다.

　　'위대한 탄생'을 보면서 백청강이 우승을 하는 것에 놀랐다. 연변에서 온 백청강이 우승할 것이라고 예측한 사람은 그리 많지 않았다.

그동안 조각 같은 미남에다, 엄마의 노래 실력을 물려받은 데이비드 오가 우승할 것이라고 생각하며 서바이벌을 흥미진진하게 지켜봤었다. 긴장감도 있었고 재미도 있었다. 스포츠는 건강을 챙길 수 있고, 서바이벌 오락프로그램은 재미도 있고 감동이 있다.

반면 감동도 없고, 자기희생 없이 기득권을 가지고 쇄신을 외치면서 나만 빼고 쇄신하라는 곳이 있다. 정치판이다. 원혜영, 이사철, 임해규, 차명진 의원이 19대 총선에서 다시 선택을 받고자 본격적으로 지역구 관리에 들어갔다. 19대 총선에서 당선되면 3선, 4선 의원이 된다. "재선은 큰 형님, 3선은 부모, 4선은 임금, 당 대표는 하나님"이라는 우스갯소리가 있다.

현역 국회의원들이 만일에 다 당선되면 부천시에는 부모님 급이 3명이고 임금님 급이 1명이다. "말로만 머슴이고 양반처럼 행세하는 국회의원이 꼴불견인데, 왜 우리가 부모님 급 의원과, 임금님 급 의원을 모셔야 하는지 모르겠다."며 볼멘소리를 하는 시민들이 많다. 여야를 떠나 서민들이 먹고 살게끔 해 줘야 하는데, 경제적으로 더 윤택해진 사람은 권력을 가진 국회의원뿐이라고 한다.

한나라당은 이대로 가다간 전멸이라고 생각해 당 이름 빼고 다 바꾸겠다고 분주하다. 진작 그렇게 했으면 민심이 등을 돌리지 않았을 것인데 말이다. 한나라당이 '당 개혁, 쇄신' 으레 고장 난 레코드판 돌리듯이 판에 박은 이야기를 해 국민은 감동도 없고 믿음도 없다. 배부른 우파, 권력을 막 휘두른 집권당이 환골탈태하겠다고 하지만 정치적 쇼로 보이고, 또다시 금배지를 달기 위해 줄서기 바쁘다. 친이계들은 눈치를 보면서 월박의 기회를 보고 있지 않을까.

은진수 전 감사원 감사위원의 부산저축은행 사태 연루 의혹의 후폭풍이 만만치 않다. 드디어 올 게 왔다. 레임덕에 의한 사건이 줄줄이 터질 것이다. 대통령 측근들이 연루된 의혹은 임기 중반까지는 소문만 무성하다 정권 힘이 떨어지는 임기 후반부터 불거지는 법이다.

정권말 누수 현상(레임덕)에 터져 나오는 권력형 게이트는 MB정권에게 치명타일 것이고 내년 총선을 준비하는 국회의원에게는 잔인한 나날이 될 것이다. 집권 4년차에 각종 게이트로 스스로 무너졌던 전 정권들의 전철을 밟을 가능성이 높아 한나라당 국회의원은 지역 유권자의 적개심을 어떻게 달래야 할지 걱정스럽고 당황스럽겠다. 현 정권에 지지를 보내는 사람은 28.6%밖에 안 된다고 한다.

사실 MB 정부 아래에서는 서민들이 부자가 돼 등 따습고 배부르게 먹고, 아이들 등록금 걱정 안 할 줄 알았는데 가계부채로 밤잠을 설치며 잠을 못 잔다고 한다. 장차관 국회의원 판검사 재산은 하늘 높은 줄 모르고 치솟고 서민들은 전세금이 뛰어 이 동네 저 동네 이사 가기 바쁘다. 세계 13위 경제대국, G20 정상회의 의장국이 무슨 의미가 있는가.

대권은 박근혜 전 대표가 대세라 희망을 가지고 끌고 갈 수 있지만 총선은 선거전략을 짤 수 없을 만큼 암담하다. 그동안 보수바람으로 국회의원, 보수 정치인들은 양지에서 권력을 좇으며 잘 먹고 잘살았다.

총선이 1년 앞으로 다가오자 핸드폰으로 문자가 수시로 날아온다. 그동안 해외시찰, 연수로 즐거운 시간을 보내다 뜨거운 햇살을 쬐며 동네 돌아다니기가 쉽지 않을 것이다. 현역 국회의원들은 전통시장에서 찍은 사진을 홈페이지에 자랑스럽게 올려놓는다.

반면, 국가와 국민을 위해 외국에서 활동한 내용과 사진은 게재하지 않는다. 떳떳하게 유명관광지에서 찍은 사진을 게재할 자신이 없으면 전통시장에서 찍은 사진만 게재하는 이중성을 보여서는 안 된다. 선한 미소 속에 숨겨진 탐욕의 눈동자를 국민들은 주시한다.

서민, 머슴을 외쳐도 금배지 단 이후 너무나 서민들과 동떨어진 행세를 하는 운동권 출신 국회의원을 보면 배신감을 느낀다고 한다. 원혜영, 이사철, 임해규, 차명진 의원은 현역 국회의원으로서 권력, 조직, 돈을 가지고 있어 어느 누가 쉽게 도전할 수 없다. 정치판은 폐쇄적이고 조금 똑똑해 보여 들이댈 것 같으면 성장할 수 없도록 뿌리를 뽑아 버린다.

면면을 보면 감히 도전장을 내밀 수 없다. 연변에서 온 청년이 '위대한 탄생'에서 우승을 했다. 25년 묵은 임재범 가수는 노래 실력 하나로 국민 스타가 되었다. 딴따라판은 이렇게 실력자를 뽑아내는데 정치판은 계보, 줄서기로 새로운 인물을 차단하고, 끼리끼리 다 해 먹어 썩은 악취를 품기고 있다.

가수 임재범은 작년 5월만 해도 객석 1700석의 조촐한 무대 주인공이었지만 지금은 오는 6월 객석 2만석의 올림픽 체조경기장을 청중의 열기로 달굴 인기 스타가 됐다. 백청강이나 임재범은 실력 하나로 국민에게 희망을 줬다.

19대 총선 유권자에게 희망을 줄 수 있는 정치인은 누굴까? 구태의 인물이 판친다고 하지만 정치에서는 돈과 조직이 필요하기에 신인이 진입하기는 어렵다. '그 나물에 그 밥', '그놈이 그놈'이라고 하지만 큰 변화를 바라기가 어렵다.

갈수록 뜨거워지는 날씨처럼 19대 총선을 향한 정치인의 마음도 뜨거워질 것이다. 권력을 놓고 패싸움하는 모습이 유권자에게 역겨울 수 있지만 현실정치에서는 앙금, 분노, 적개심으로 분노의 정치가 존재할 수밖에 없다. 분노에는 긍정적·생산적인 면도 있다.

정치인의 분노의 정치에 국민들이 분노하여 판을 싹 갈아 주었으면 한다. 백청강이나 임재범 같은 감동을 주고 서민의 아픔을 아는 정치인이 필요하다. 여론조사에서 '내년 4월 총선에서 현역 의원을 지지하겠느냐'는 질문에는 28.7%만이 '그렇다'고 답했다. 52.9%는 국회의원 교체를 희망했다.

▋권력은 최음제

호가호위(狐假虎威)

오이 밭에서 신을 고쳐 신지 말고 자두나무 밑에서 갓을 고쳐 쓰지 말라고 한다. 국민들은 공인들의 일거수일투족을 주목하고 있다. 그런데도 동서고금을 망라하고 성추문에 휘말려 패가망신한 권력자의 사례는 인류역사만큼이나 오래됐다. 한국에서는 권력자의 섹스스캔들을 너그럽게 봐주는 풍조가 있었다.

그러나 갈수록 도덕적 잣대가 엄격해져 '아랫도리'뿐만 아니라 '입'마저 자유를 얻기 힘들어진다. "아나운서 하려면 다 줘야"라는 여성비하 발언으로 정치적 생명이 끝난 국회의원도 있다. 부천시에서도 윤 모 의원은 '입'으로 포르노, 강 모 의원은 '몸'으로 남성전용업소를 들락거려 성적인 시비로부터 자유롭지 않다.

'왕의 남자', '왕보좌관'은 권력을 등에 업고 스스로를 정당화시키면서 할 짓, 안 할 짓 다 한다. 권력이 없으면 절대 못 할 짓을 말이다. 여우가 호랑이의 위세를 빌려 다른 짐승을 놀라게 한다는 뜻으로, 남의 권세를 빌려 허세를 부리는 것을 호가호위(狐假虎威)라고 한다. 호가호위했던 '왕보좌관' 때문에 곤혹을 치르는 국회의원이 있다.

사실이든 아니든, 공인이 처세를 잘못해 입방아에 오르내리는 것은 남 탓할 게 아니라 본인 탓이다. 안하무인일 수도 있다. 권력은 최음제라고 하지 않는가.

정치인과 사생활은 별개라는 프랑스의 관대한 풍습이 우리나라에도 뿌리내리기를 바라는 남자 정치인들이 많을 것이다. 요즘 애인 없는 사람이 어디 있냐고 반문하는 사람이 많다. 정치인도 사람이고, 수컷이기 때문에 애인을 두는 것이 무슨 문제냐고 할 수 있다. 누가 그런다. 정치인은 요령껏 들통 나지 않도록, 폭로 안 되게 언론만 장악하면 된다고 한다. 그러나 어쩌랴! 트위터, 페이스북 등 SNS의 등장으로 숨길 수도 없다.

‘허리띠 이하는 쓰지 않는다’는 관행이 깨지고 있다. 정치인의 아랫도리 관리자는 보통 호가호위를 한다. 섹스스캔들이 들통 나면 스캔들로 끝나는 것이 아니라 국가를 망신시키고 국민을 우롱하는 것이다. 국제통화기금(IMF) 총재로 프랑스의 유력한 차기 대통령 후보였던 도미니크 스트로스칸이 미국 뉴욕의 한 호텔에서 여종업원을 성폭행하려 한 혐의로 체포됐다는 충격적인 뉴스가 이 글을 쓰게 한다. 단순한 염문이 아니라 성범죄 피의자가 되었다. 정치 이력을 쌓는데 수십 년, 무너지는 건 한순간이다.

올해 상하이 스캔들, 장자연 성상납, 신정아 자서전 4001, ‘빅뉴스’들이 쓰나미처럼 쏟아졌다. 대한민국 고위직 사람들의 스캔들을 보면 부도덕한 행위에 할 말이 없다. 배웠든 안 배웠든, 젊었든 늙었든, 좌파든 우파든 수컷들은 룸에서 불만 커지면 들이대기 바쁘다.

정치인들은 ‘아랫도리 자유’를 달라고 호소할 수도 있겠다. 이탈리아 베를루스코니 총리는 집무실에서의 성추행, 33명의 여성과 섹스파

티를 벌였다는 혐의에도 불구하고 건재함을 과시하고 있다. 아직 우리나라 국민은 아랫도리 문제에서는 관대하지 않다. 관대할 때까지 정치인들은 조심해야 한다.

19대 총선 때 별의별 말이 나돌 것이고, 명예훼손으로 고발한다고 엄포를 할 수도 있고, 고소를 할 수도 있을 것이다. 잡아떼고 그런 일 없다고 할 것이고 흑색선전이라고 역공격을 할 수도 있다. "아니 땐 굴뚝에 연기 나랴."며 펄쩍 뛸 수도 있다. 권력과 조직으로 소문을 잠재울 수도 있다.

만일 이런 일이 벌어진다면 상대방을 제압하기 전에 선거판을 혼탁하게 한 원죄를 통감해 정치적 책임을 져야 하지 않을까. 권력자들은 왜 자기 무덤을 파면서까지 일탈을 꿈꾸고 실행하는가. 권력이면 뭐든지 할 수 있다는 착각에 빠지기 때문 아닐까.

미국 심리학자들은 정치인들이 권력을 갖게 될수록 보통 사람들의 룰에 맞추지 않아도 된다는 환상을 갖게 되고, 자신도 모르는 사이에 벼랑으로 스스로를 밀어 시험해 보고 싶은 충동에 시달린다고 분석했다. 그렇지 않고서야 뻔히 보이는 파멸의 길로 스스로 들어설 리가 없다는 것이다.

▮너만 보수(친이)냐, 나도 보수(친박)다

감동이 있고 실력 있는 보수를 원한다.

매회 7명의 가수들이 노래를 불러 500명 청중평가단이 심사를 받고, 최하위 점수의 가수가 탈락하고, 새 가수가 그 자리를 대체하는 서바이벌 프로그램 '나는 가수다'가 인기다. 세시봉 열풍, 걸그룹 광풍을 제압해 버렸다.

가수 임재범의 노래를 들으면서 눈시울을 붉혔을 것이다. 임재범은 암투병 중인 아내와 어린 딸을 위해 출연을 결심했다고 한다. '나는 가수다' 방송에서 힘들었던 시기에 대해 털어놓았다. 그는 힘들었던 시기에 저작권만 받으며 월 100~200만 원만으로 생활했다. 차도 없어서 딸과 어린이대공원에 가더라도 물건을 많이 사면 버스에 타기 힘들어 오늘은 조금만 사자고 얘기해야 했다고 고백했다.

임재범에게 감동을 받은 진짜 이유는 그의 노래실력이었다. MBC '무한도전'의 김태호 PD는 '나는 가수다' 방송이 있었던 날 자신의 트위터를 통해 '우와 임재범. 진짜 미쳤다, 미쳤어.'란 글을 남겼다. 임재범의 완벽한 노래실력에 김태호 PD뿐만 아니라 '나는 가수다' 심사위원 중 한명이었던 작곡가 김형석도 "나만 가수다"라며 프로그램 이름을 딴 센스 있는 극찬을 하기도 했다.

한나라당은 18대 총선에서 부천시 4개 지역구 가운데 원미갑, 원미을, 소사구에서 승리를 할 수 있었다. 진보 세력에게 정권을 되찾은 한나라당은 총선에서도 보수 바람으로 아주 쉽게 당선이 될 수 있었다. 보수 바람이 분다고 교만해진 기득권자(친이계)가 공천학살만 안 했다면 친박이니, 친이니 하는 계파싸움이 심하지 않았을 것이다. 공천학살 주범은 한나라당 당원에게 석고대죄를 해야 한다. 친이계, 친박계 고래(국회의원) 싸움에 새우(당원, 보수 세력) 등 터졌다.

친이계는 보수의 중심에 서게 되었고 친박계는 보수꼴통으로 덧칠돼 배척의 대상이 되었다. 운동권 출신들은 산업화 세대의 공보다는 과를 내세웠고 민주화 세대라는 도덕적 우월감에 빠져 권력을 막 휘둘렸다. 한마디로 '나만 착한 보수고, 너는 수구꼴통이다.'라는 그릇된 사고로 친박계 인물을 공천학살하였다.

김문수 경기도지사, 이재오 특임장관 계보인 차명진, 임해규 의원은 2007년 MB를 지지하면서 운동권 출신인 민주화 세대가 산업화 세대와는 다르다는 것을 부각하고 싶었던 것 같다. 박근혜 전 대표를 대권후보로 내세우면 서울・경기 수도권에서는 총선에서 이길 수 없다고 당원들을 설득했다. 박근혜 전 대표의 영남 색깔은 수도권 당협위원장에게 부담이 된다는 것이었다.

지금은 어떨까? 김문수 도지사 직계 차명진 의원은 친이계의 핵심이자 김문수 대권 행보에 진두지휘를 하고 있다. 이재오 특임장관의 대리인격으로 공천심사위원으로서 공천학살을 했다는 비난을 받고 있는 임해규 의원은 친이계지만 정치적 유불리에 따라 갈지자 행보를 보이고 있어 언제라도 월박할 수 있는 의원이라고 입방아에 오르고 있다.

'수구꼴통이 아니고 나는 보수다.'라고 외친 차명진 의원, 임해규 의원은 지금 보수당원들에게, 유권자에게 보수답게 행동했다고 당당하게 말할 수 있을는지 의문이다. 보수세력은 운동권 출신이라 도덕적 우월감을 가진 그들이 보수를 대변하고 민주화 세대라고 차별을 꾀한 민주화 세대의 민주정치를 보여 줄 것으로 믿었다.

믿는 도끼에 발등 찍힌다고, 절망과 실망을 넘어 분노가 치밀게 했다. 산업화 세대가 반민주적이라고 돌을 던진 그들이 민주주의를 더 파괴하는 것 같다. 이전의 정부보다 참여정부가 도덕적이었고 탈권위적이었다. 그런데도 민심이 등을 돌렸던 이유는 배신감이었다, 소위 말해 '오십보백보, 그놈이 그놈'이라는 비아냥거림에 진보는 무릎을 꿇었다.

'나는 보수다.' 하면서 보수다운 모습을, '나는 운동권 출신 국회의원이다.'라면서 도덕성을 보여 줬다면 국민이 이 정권에 등을 돌리지 않았을 것이다. 운동권 출신이라는 훈장으로 정치인으로 변신하여 충분히 보상을 받았다. 운동권 출신 국회의원이 양지만 좇다니 보니 권력 맛에 초심을 잃었다는 비판, 이중성에 배신감을 느낀다는 비난에 어떤 답을 내놓을 수 있을지 궁금하다.

민주화 운동권 출신이 기성 정치인보다 깨끗한 정치한다고 감히 말할 수 있을까. "경제 살리라고 한나라당을 뽑아 줬는데 왜 이렇게 살기 힘드냐."는 불만과 "너들만 배 터지게 잘 먹고 잘사는 꼴은 못 보겠다."는 불평에 특히 운동권 출신 국회의원들은 할 말이 없을 것 같다. 스스로 퇴진하지 않으면 민심이 들불처럼 일어나 철퇴를 가할 것 같다.

진보에게 허점을 보여 보수가 반격을 받고, 보수에게 등을 돌린 민심, 지방선거 패배의 책임은 현역 국회의원에게 있다. 반성은커녕 '나는 운동권 출신 국회의원이다.'라는 것을 포장하고 싶어 운동권 출신이라서 15년 만에 졸업했다고 명함에 화려한 이력으로 자랑스럽게 기재하고 다닌다. 시장경선, 지방의원 경선에서 보여 준 반민주적인 행동은 운동권에서 배운 꼼수인가. 구태정치·계보정치를 운동권 출신들이 더 잘하고, 권력을 잡기 위한 줄서기는 거의 달인 수준이다.

민주화 세대에게는 타도 대상이었던 산업화 세대, 30·40대 포스트 386 세대에게는 민주화 세대가 타도 대상이다. 왜냐면 이중적이고 돈과 권력 맛에 빠져 초심을 잃었기 때문이다. 말로만 쇄신이 아니라 인물 쇄신을 해야 한다. 배부른 운동권 출신, 이중적인 민주화 세대는 기득권을 내려놓고 보수세력의 살 길을 모색해야 한다.

부천시에서 "너만 보수(친이계)냐 나도 보수(친박계)다."라고 보수 모임이 활력을 찾고 있다. 부천 '박사모'는 오랜 침묵을 깨고 기지개를 활짝 펴고 있다. 김문수 대권주자의 거점이자 직계들이 포진하고 있는 부천에서 '부천희망포럼'의 성공적인 출범식은 김지사 캠프에서는 충격이었다고 한다.

친박, 친이 왕성한 조직활동은 보수에게 반가운 일이다. 공정하고, 치열한 경선은 보수가 살 길이다. '박사모', '부천희망포럼'은 박근혜 전대표의 대세론을 밀어붙이고 있고, 김지사 캠프(소사구)에서는 거점인 부천에서 분위기를 띄우기 위해 전략을 짜고 있다고 한다. 부천에서 친박조직이 활성화되도록 방관하지는 않을 것이다.

그동안 기득권을 가지고 공천주고, 먹고살게끔 해 준 조직이 움직이면 친박을 쉽게 제압할 수 있다고 생각할 수 있다. 그러나 민심은 권력으로, 조직으로 관리할 수 없다. 부천지역 민심은 누구 손을 들어줄까? 벌써 궁금해진다. '박근혜 대세론'에 탑승하는 국회의원이 늘어나고 박근혜 대세론이 굳어진다면 싱거운 게임이 될 수도 있다.

　　보수세력은 감동받도록 실력을 보여 줬으면 한다. 꼼수가 아니라 공정한 경선을 통해 국민에게 감동을 줘야 한다. 임재범 콘서트에 꼭 가겠다는 사람들이 많은 것처럼, 친박·친이를 떠나 보수 모임에 참여하겠다는 사람이 많았으면 한다. 감동이 있고 실력을 보여 주면 된다. 정치인의 실력발휘는 국민을 행복하게 해 주는 것이다.

시의회 똥물에 빠진 날

홀딱 벗기에 뭐가 부끄럽나?

5월 가정의 달 조근조근 말하고 싶었는데 민심을 외면하는 파렴치하고 몰염치한 의원 때문에 거친 표현을 쓸 수밖에 없다. 스포츠 동호인 모임이나 소수의 친목 모임에서도 쓴 돈을 공개한다. 시의회는 혈세를 쓴 용도에 대해 공개를 마땅히 해야 한다. "공개한다, 못 한다." 시민의 피 같은 돈이라고 생각한다면 이런 논쟁을 하지 않았을 것이다.

부천시민은 의정활동 열심히 하라고 시의원에게 의정비(월급) 주고 업무추진비, 의정운영공통경비까지 덤으로 인정하고 있다. 시민들은 줄 것 다 주고 있다. 혈세 쓰지 말라는 것도 아니고 쓴 것을 공개하라는 데 공개 못 하겠다고 한다. 문화재단 김혜준 대표이사보다 못한 의원들의 사고에 한숨이 나온다. 시민이 투명하게 잘 쓰는지 감시도 못하게 하는 것이 시민의 대표가 할 짓인가. 홀딱 벗는 것도 아닌데 켕기는 것이 있나.

길을 막고 왜, 어디서, 누구하고 먹었는지 공개한다는 조건으로 돈을 준다면 '로또'라고 아우성치며 줄 선다고 난리가 날 것이다. 폐지

팔아 근근이 한 끼 해결하시는 어르신, 비정규직 노동자가 내는 세금으로 이천 쌀밥에, 영광굴비, 횡성한우 먹겠다는 속내가 아니라면 공개 못 하는 이유가 뭔가.

권위, 위상을 말하면서 하는 짓은 초등학생보다 못하다. 아이들 용돈 주면서 어디에 쓸 것인지 묻지도 않고 마음대로 쓰라고 하지 않는다. 시정잡배도 자기들이 쓴 돈 셈은 제대로 한다.

몸에 자신 있으면 벗는다. 연예인 못지않게 일반인도 완벽한 식스팩 몸을 가지면 자랑하고 싶어 안달이다. 트위터, 페이스북에 홀딱 벗은 몸을 과시한다. 명품 몸매를 과시해 네티즌들의 눈길을 사로잡고 싶은 노출증이 일반화됐다.

업무추진비 공개는 시민에게 홀딱 벗고 깨끗한 것을 보여 줄 수 있는 절호의 기회다. 그렇게 자신이 없나. 세상이 바뀌어 핫팬티만 입고 다니기도 하고, 누드촌도 있다. 최근에는 누드골프장도 생겼다. 언제까지 꽁꽁 숨기고 혈세를 마음대로 낭비할 것인가. 공돈이라고 생각해 의회사무국 직원도 공통경비로 밥 같이 먹고 다닌다고 비난이 들끓고 있다. 한통속이고 피 빨아 먹는 거머리라고도 할 수 있다.

정치인의 노출증에서는 둘째가라면 서러워한다. 행사장을 쫓아다니는 이유는 민원인을 만나고 민원에 귀 기울기 위한 것도 있지만 상석에서 폼 잡는 재미가 쏠쏠하고 과시(노출)욕이 꿈틀거린다. 신분상승에 어깨에 힘이 들어간다. 피감기관 공무원은 쩔쩔매고, 업자들은 안 되는 것도 되게 하는 정치에 의존하려고 넙죽 엎드린다.

"의원님 정치는 돈이 있어야 하지 않습니까? 이번 건만 성공하면 노후보장 확실합니다."

달콤한 유혹에 미소 띠며 권력이라는 게 이런 것이구나 하면서 만

끽한다.

공정한 사회, 정의 사회 허구한 날 외쳐도 우리사회는 아직 멀었다. 하루 날 잡아서 시의원들이 권력남용해서 떼돈은 아니더라도 업자와 결탁해 사업한 내용을 정리하고자 한다. 고민이다. 두루뭉술할 수 없어 자료를 모으고 있는데 어디까지 까야 할지 모르겠다.

법망을 피하고 눈치껏 해 먹는 것도 능력이라고 하니 할 말이 없지만 지방자치 20년을 맞아 되돌아보면 그동안 공무원과 짜고 알게 모르게 해 먹은 게 많다. 밝혀진 것도 있지만 결탁해 꽁꽁 숨겨져 있는 것도 많다. 세상엔 영원한 비밀은 없다.

돈 많은 업자에게 술 얻어먹고 정치적 후원을 받는 것은 병폐지만 너도나도 정치인들이 그러니 뭐라고 하기도 그렇다. 그러나 공인이라면 세금만큼은 함부로 막 써대면 안 된다. 세금에는 서민의 피눈물이 고여 있다. 진짜 조폭은 코 묻은 돈 안 건드린다고 한다. 업자들과 크게 놀더라도 세금 가지고 장난 안 쳤으면 한다.

지방의원 재산변동 내역을 보면, 김관수 시의장은 전라도에 땅도 있고, 여월동 소재 대지 · 토지가 있는데 재산신고액은 1억 374만 정도이다. 이유는 채무가 7억 2천만 원이라고 한다. 은행이자를 계산해도 족히 한 달에 3백만 원을 넘을 것 같다. 부천시민은 상상의 나래를 펼치겠다. 업무추진비, 시의회공통경비로 어찌하는 것은 아닌지. 괜한 오해와 조롱거리가 안 되려면 공개를 해야 하지 않을까? 불신을 스스로 쌓고 있다.

득이 될까? 독이 될까? 부천시민은 시의회를 똥물에 빠지게 한 의원들을 결코 잊지 않을 것이다. 피감기관에 가서 혈세 낭비하지 말라고 호통치거나 따지지 말고 조용히 3년 지내기를 바란다. 정치인이

낯 두꺼운 것은 아는데 이건 아닌 것 같다. 부천시민은 울화통이 터진다.

시쳇말로 쪽팔려 영(令)이 서겠나. 부천시민 이름으로 어찌했으면 좋겠다. 제발 글로써 난장 치지 않게 잘해 주었으면 좋겠다. 법적 대응한다고 이리저리 뛰어다니는 시간에 시민들 위해 일 좀 했으면 한다. 시의회에서 명예훼손으로 고소하면 한나라당 시의원이나 뜻있는 부천시민이 변호사 선임해 주지 않을까. 시민단체는 뭐하고 있는지 모르겠다.

▌PiFan 레드오션, BICHE 블루오션

문화권력자들의 밥벌이 축제로 변질이 안 되기를.

6·2지방선거를 며칠 앞두고 부천 시장 후보 생방송 토론회에서 이런 일이 있었다. 한나라당 홍건표 후보는 "영화제는 이해선 전 시장 때 실패했다. 집권한 원혜영 전 시장은 없애려 했고 김만수 시장 후보도 인수위원으로 '없애라'고 지시했지 않느냐."라고 일갈했다. 이에 민주당 김만수 후보의 반박발언이 없어 모니터를 본 부천시민은 사실이라고 믿을 수밖에 없었다.

김만수 시장은 시의원 신분으로 견제와 감시가 몸에 배어 원혜영 전 시장 인수위원 시절 문화 이벤트 잔치, 낭비성 축제를 혈세 아깝다고 생각해 폐지를 주장했던 것 같다. 정치인은 변덕쟁이라고 하지만 없애겠다는 PiFan은 육성하고 홍 전시장 치적 없애는 일환으로 부천 무형문화 엑스포 폐지 수순을 밟는 것에 부천시민은 기가 찬다고 한다.

백 번 양보해 정치적 입장을 이해하려고 하지만 전 지방권력자의 치적을 없애고, 쓰나미식 물갈이 인사정책을 보면 안타깝기 그지없다. 3년 뒤 지방권력이 바뀐다면 대대적인 물갈이, 정책 파기 등을 볼 수밖에 없을 것 같다. 정치적 보복은 다시 정치적 보복이 따를 수밖에 없다. 지방권력자에 따라 요동치는 시정에 가장 큰 피해자는 부천시민이다.

김만수 부천시장은 부천국제판타스틱영화제(PiFan)를 통해 영화산업을 추진하고 만화·영화·음악의 3대 문화산업을 적극 육성하여 문화특별시로 만들겠다고 한다. 그러나 아무리 봐도 PiFan은 부천시 문화산업에 블루오션이 아니다. 영화산업보다는, 시민을 위한 잔치보다는 문화권력자, 영화관계자, 정치인의 축제일 뿐이다.

김만수 시장은 부천무형문화엑스포(BICHE)를 낭비성 축제라고 단정하고 예산을 삭감해 무상급식 예산으로 쓴 것으로 알고 있다. 반면 부천국제판타스틱영화제 2011년 예산액이 35억으로 2010년도에 비해 7억이 증가됐다. BICHE는 다시는 부천시민을 위해 존재하지 않을 것 같다.

부천시민과 함께 한다는 명분으로 PiFan 행사에 세금을 퍼부을 모양이다. 행사진행비 4억, 홍보선전비 5억, 게스트초청비 2억, 출장비 1억, 업무 추진비, 판타스틱 콘서트, 피판 무브먼트, 피판영화인의 밤 등 화려한 파티를 준비하고 있다.

만화·영화·음악의 3대 문화산업에 PiFan의 역할은 무엇인가. 영화산업은커녕 혈세 빨아먹는 흡혈귀라고 해도 할 말이 없을 것 같다. 국비 5억, 도비 5억, 시비 16억, 자체부담 9억 4천이다. 자체부담은 후원금이 대부분이고 입장수입 1억 7천만 원, 기념품 판매수입 2천만 원이다. 그러나 이 수치도 믿을 수가 없다.

초대 민선 시장 출신이 후원회 회장을 맡아 후원회의 다른 모습을 보여 줄 것으로 생각했는데 돌연히 사퇴를 하였다. 억측이 난무할 수밖에 없다. 세상에는 공짜가 없다고 하지 않는가. 건설업자, 은행이 그냥 후원금을 내지는 않을 것이다.

후원회 관련 특정 인사를 둘러싸고 부천시가 발주하는 각종 사업의 인허가 과정에 개입한다는 둥, 정치적 목적으로 후원을 한다는 둥 확인되지 않은 각종 루머들이 떠돌 수밖에 없다. 지자체장이 공무원과 업체들의 손목을 비틀어 장학재단을 세워 가난한 집안의 학생들을 도우는 것이나 크게 다를 게 없다. 목적은 선(善)하나 수단과 방법은 늘 말썽을 일으킬 수밖에 없다.

국비, 도비, 시비, 후원금으로 성대한 축제를 한다고 문화특별시로 욱일승천할 수 있다면 부천시민은 핏대를 세우며 세금낭비하지 말라는 소리는 안 할 것 같다. PiFan은 블루오션이 아니라 레드오션이다. 설령 부천국제영화제가 세계 3대 판타스틱영화제로 도약한들 어떤 것을 얻을 수 있나? 투자대비 효율성이 높지 않다. 문화산업으로 보면 그렇다는 것이다.

영화산업은 블루오션일 수 있지만 PiFan 자체는 레드오션이어서 문화산업, 일자리 창출과는 거리가 멀다. 레드오션은 붉은(red) 피를 흘려야 하는 경쟁시장을 말한다. 부천국제판타스틱영화제는 경쟁시장에서 다른 영화제와 경쟁해서 두각을 나타낼 수가 없다. 시민의 붉은(red) 피 혈세만 빨아먹을 뿐이다.

세계 3대 국제 영화제(칸, 베를린, 베니스), 부산국제영화제처럼 PiFan이 되기를 바라지만 이런 운영방식으로는 결코 부각될 수 없고, 소수를 위한 색깔 있는 영화제, 마니아를 위한 영화제로 늘 혈세 먹는 하마라는 비난에 벗어날 수 없다.

한국 영화는 불황의 터널 속에 있다고 한다. 한국 영화계는 2006년을 정점으로 불황에 빠져들었다는 평가가 많다. 순수한 사랑을 그린 청춘영화 <겨울나그네>를 제작해 한때 청춘 아이콘으로 불린 곽지균 감독이 "일이 없어 괴롭다."는 유서를 남기고 자살해 많은 이를 슬프게 했고 열악한 영화현장 여건에 굶어 죽은 최 작가 사건은 가슴을 저리게 했다.

반면, 문화권력자 김혜준(부천문화재단 대표이사)은 영화계에 아직도 힘이 있어 영화인의 이념논쟁에 끼어들어 일갈을 하는 모양이다. 영화판도 정치판 못지않게 문화권력자는 이념싸움을 해 조용할 날이 없다. 거의 10년 동안 영진위 사무국장을 한 김혜준 문화재단 대표이사는 영화계에서 문화재단으로 자리를 옮겨 굶어 죽을 일 없고 가끔 충무로에서 부르면 이념논쟁에 훈수를 하는 위치에 있다. "일이 없어 괴롭다."는 말보다 줄 잘 서서 "일이 많아 행복하다."고 할 것 같다.

곽지균 감독이 "일이 없어 괴롭다."는 유서를 남기고 자살할 때 문화권력자는 정치인에 빌붙어 한 자리 꿰차며 이념논쟁을 즐겼다. 영화 후배인 최 작가는 열악한 노동 조건에 병에 걸렸든, 굶었든 젊은 나이에 죽었다. 아사했다고 봐야 할 것 같다. 스타 영화감독, 배우들은 영화 현장 스태프(연출부, 제작부, 촬영부, 조명부 등)이 생활고에 허덕인 것이 어제오늘 문제도 아니었는데 방관했다.

부천국제판타스틱영화제(PiFan)는 문화권력자, 스타 연예인, 스타 감독, 정치인의 잔치판이라서 의식 있는 부천시민은 고운 시선으로 볼 수가 없다. 부천국제판타스틱영화제 집행위원장은 레드 카펫을 즐거운 마음으로 밟을 수 없다고 본다. 김혜준 대표이사도 자리를 빛내기 위해 행사에 참여할 것이고, 좌파 문화권력자는 MB정권에서 한풀 이하듯 모여들어 축제를 즐기며 1년만 참으면 다시 좌파 문화권력자가 좋은 시절 맞이할 수 있다고 서로 위로를 하고 격려를 할 것이다.

레드오션인 PiFan을 키우고, 블루오션인 BICHE을 죽이는 이유에는 정치공학적인 계산이 다분히 있었기에 문화행사에 이념논쟁을 할 수밖에 없다. 정치인보다 더 정치적인 행보를 하는 문화권력자들에게 한 수 배우고 싶다. 김만수 시장이건, 원혜영 의원이건 누구의 백인지 몰라도 김혜준 문화재단 대표이사는 빚을 갚아야 할 것이다. 정치인들이 문화권력자에게 바라는 것은 뻔한 것이다.

부천시민이 낸 세금으로 이런 축제를 해야 하나? 이젠 PiFan의 성공을 빌 수밖에 없다. 영화마니아로서 영화제 성공을 바란다. 문화권력자들의 밥벌이 축제로 변질이 안 되기를 바랄 뿐이다. 선출직 공무원인 시장은 PiFan을 없앨 수는 없다. 시민 앞에서 스포트라이트 받는 것을 누가 포기하겠는가. 무지렁이 시민만 혈세 낸다고 등골이 휠 뿐이다.

▌노는 노른자 땅, 문예회관, 호텔부지

번듯한 문예회관 언제, 어디에 지을 것인가?

원미구 중동 1153 일대 2만 4,300여 ㎡ 땅이 놀고 있다. 문예회관, 호텔부지인데 자투리땅도 아닌 엄청난 땅에 잡초가 무성하고, 아파트 모델하우스, 불법 포장마차가 똬리를 틀고 있다. 대한민국 어느 시에도 시청 옆의 상업중심지역의 엄청난 땅을 활용하지 않고 오랫동안 방치하는 곳은 없을 것 같다.

문예회관 부지 자료를 같이 부탁할 수 있었지만 공무원 귀찮게 하는 게 싫어서 호텔부지 자료만 부탁했다. 사실 이런 것을 물어보면 공무원 입장에서는 시니컬할 수밖에 없는데 회계과 공무원은 친절했다. 1995년 중동신도시를 조성하면서 확보한 호텔부지가 그동안 이러지도 저러지도 못하는 난관에 봉착해 매각되지 않아 골칫거리가 되었다.

호텔부지 8,155㎡는 공시지가만 39,959,500천 원(㎡당 4,900,000원)으로 이 돈을 은행에 예치한다면 연간 이자 얼마를 받을 수 있을까? 문예회관 부지를 같이 실거래가로 계산하면 어마어마한 돈이 될 것 같다. 은행에 물어보면 알겠지만 알아보고 싶지 않았다. 내 땅도 아니고, 부천시장, 공무원도 그런 마음 아닐까? 내 땅이라면 이렇게 방치를 했을까? 서민들 입장에서는 땅 한 평 가지기도 힘든데 부천시는 황금땅을 애물단지 취급하고 있다.

호텔부지 임대사업으로 10억가량을 벌어들이고 있다는 게 비싼 땅덩어리를 가지고 가당키나 한 일인가. 주차장으로 일부 활용하고 있다고 하지만 잡초가 무성하고, 불법 포장마차, 아파트 모델 하우스가 비싼 땅을 꿰차고 있다. 도시 미관상 흉할 정도를 넘어 지저분하기 짝이 없다. 게다가 펜스는 웬 말인가. 시장이나 공무원들은 시청사무실에서 늘 봐 왔을 것이다. 그것도 입체적으로.

공무원을 탓하기 전에 선출직 시장이나, 선출직 의원들을 비판할 수밖에 없다. 중동 1153 일대 2만 4,300여 ㎡ 땅이 도심 속에서 잡초만 무성하게 자라는 쓸모없는(?) 땅으로 내팽개친 책임을 묻지 않을 수 없다.

6·2지방선거에서 김만수 시장은 문예회관을 당초 부지에 짓겠다고 하였고 홍건표 전 시장은 중동 1153 일대 2만 4,300여 ㎡을 매각하고 그 돈으로 춘의동에서 정말 괜찮은 문예회관을 짓겠다고 하여 부천시민은 관심을 가지게 되었다. 김만수 후보가 당선되자 중동에 문예회관이 들어설 줄 알았다.

매각 이야기가 나올 때 김만수 시장은 "시청사 옆 부지를 매각하면 당장 시 재정에 보탬이 되겠지만 장기적 측면에서 보면 시민들의 문화적 공간을 없애는 것이고 인구 밀도를 높이는 결과만 낳을 것으로 본다."며 당초 부지에 문예회관을 짓겠다고 말했다. 그런데 김만수 시장은 신뢰가 떨어지는 갈지자 행보를 보여 공약(公約)이 공약(空約)될 것 같다고 부천시민은 수군거렸다.

지방선거로 시장이 바뀔 때마다 정책 뒤집기로 사업이 바뀌고 중단돼 이에 따른 행정적·재정적 낭비가 뒤따르지만 어느 누구도 책임을 지지 않는다. 원미구 중동 1153번지 구 문예회관 부지는 지난 1992년 지정되었으나 건립하지 못하고 지난 2003년 타당성 조사 용역결과 '대지면적 부족 부적합'이라는 지적을 받았다고 한다. 그런데 이번에도 용역을 의뢰해 용역결과를 기다린다고 한다. 용역업체만 살판났다.

부천무형문화엑스포, 무상급식 등 다른 공약은 타당성 조사 용역이나, 공청회 한 번 없이 밀어붙이고 문예회관 건립 부지에 대해서만 타당성 조사를 하고 여론 수렴을 하겠다는 것은 명분을 쌓고 빠져나갈 구멍을 찾는 것이 아닐까? 애초 문예회관 건립 부지 선정에 정치적 꼼수가 숨겨져 있었던 것 같다. 하지 말아야 할 일은 무작정 밀어붙이고 꼭 해야 할 일은 안 한다. 소통 부재, 포퓰리즘을 좋아하는 정치인의 전형적인 모습이다.

시청 옆 노른자 땅을 내버려 두는 것은 혈세를 헛되이 낭비하는 것이다. 소속 정당이 다른 전임자의 정책이었다고 해서 무작정 배척한다면 행정에 대한 신뢰마저 떨어뜨릴 수 있다. 시장이 바뀌면 손바닥 뒤집듯이 또 바꿀 시정에 공무원은 열정을 가지고 최선을 다하지 않겠다. 복지부동 공무원을 탓할 일이 아니다.

부천시가 원미구 중동 1153번지 구 문예회관 부지를 매각하고 원미구 춘의동 302-1 부지에 건립하기 위해 돈으로 계산할 수 없는 행정력이 동원되었다. 어느 날 갑자기 떨어진 사업이 아니다. 오랜 기간 논의가 이뤄졌다.

그런데 지방권력이 바뀌었다고 갑자기 사업을 중단하고 혼란을 부추긴다는 게 말이 되는가. 부천시는 안중에 없고 전 시장의 치적 없애고 치졸한 정치적 보복으로 볼 수도 있다. 남이 하면 불륜이고 자기가 하면 로맨스라고 하듯이 전 권력층에 반대하고 비난했던 끗발 있는 측근들은 부당거래로 뭘 하나 챙기겠다고 독수리 같은 눈으로 먹잇감을 노리고 있을 것이다. 괜한 추측이 아니다. 함바집 비리를 보면 기득권, 권력자들이 노동자의 밥값에도 손을 뻗쳐 벼룩의 간을 탐할 정도로 부도덕하였다.

정치인들은 흔적을 남기려고 하는 것이 본능이다. 김만수 시장, 김관수 의장이 매각을 하든, 문예회관을 짓든 하루빨리 해결했으면 한다. 부천영상문화단지와 문예회관부지, 호텔부지 활용에 부천시민이 책임추궁을 하고 따진다면 정치인이나 공무원들은 입이 열 개라도 할 말이 없을 것 같다. 부천시민 앞에서 멍석 깔고 석고대죄를 해야 하지 않을까.

▌부천시장은? 시민도 아닌 타당성 용역업체

부천영상문화단지가 난지도보다 못하다.

재미있는 일들이 많다. 자기 이름을 모른다는 이유로 주민센터에서 난동을 부린 성남시 이숙정 의원은 전국적인 스타다. 학습효과가 대단하다. 부천시의회 직원이 시와 연관된 업체를 찾아와 부천시의원 누가 왔다 갔는지 물어, 모른다고 하니 책상 앞에 부천시의회 의원 총람을 붙여 놓고 시의원이 오면 응대 잘 하라고 했다고 한다.

이숙정 의원 사건 같은 것을 사전에 막고자 하는 의도라고 긍정적으로 받아들이고 싶었지만 하늘같은 시의원 심기 불편한 일이 없도록 접대 잘 하라는 협박 같아 업체 사장은 너무나 불쾌했다고 한다. 시의원 까대는 필자에게 찾아와 시의원 적당히 까라고 시의회 공무원이 찾아올 수 있겠다는 생각을 하니 웃음이 절로 나온다. 부천시의회 의원 총람 하나 부탁하자. 29명 시의원 아직 이름을 못 외우고 있다.

부천시 문화예술회관 건립타당성조사와 기본계획수립을 위한 용역 착수 보고회가 있었다고 한다. 김만수 시장은 임기 내 문화예술회관을 지을 수 있을까? 아니 첫 삽이나 뜰 수 있을지 모르겠다. 2013년 착공하여 2015년 완공한다는 계획은 무리수가 따를 것 같다. 복합문화공간보다는 부천필하모닉오케스트라의 전용 콘서트홀로 건립을 계획하고 있어 지역 예술인들이 들고 일어날 기세이고 김만수 시장 문화정책에 반대하는 시민들이 들불처럼 일어날 수 있다.

김만수 부천시장은 "문화예술회관 건립을 추진하려는 것은 부천필에 공연장을 만들어 주기 위한 것"이라고 밝혀 문화예술회관 주용도가 부천필 전용 콘서트홀이라고 못 박은 셈이다. 춘의동 작동사거리의 넓은 땅에 지으면 복합문화공간으로 가능하지만 원미구 중동에 시민들이 바라는 문예회관을 짓는다는 것은 애당초 불가능했다.

기초예술인은 배신감을 느끼겠다. 기초예술인은 오래전부터 복합문화공간으로 문화예술회관을 원했다. '문화특별시'에 문화 전문가는 없고 정치꾼과 건설업자만 존재한 것인가. 시민이 시장이라고 하면서 시민 의견보다는 용역업체에 문화행정을 맡기는 꼴이다. 이러다간 부천시장은 용역업체 사장이라는 빈정거리는 소리를 들을 수도 있다.

"부천영상문화단지 종합마스터 플랜을 위한 수립 용역을 지난 3월부터 실시했고, 오는 4월까지 용역과 관련된 입찰공고 및 제안서 접수, 평가가 마무리될 것"이라고 부천시는 밝혔다.

시장이 바뀔 때마다 부천영상문화단지는 옷을 갈아입는다. 마치 기생이 손님맞이하듯이. 용역업체는 부천영상문화단지 때문에 떼돈을 벌었겠다. 모르긴 몰라도 용역업체들에게는 꿀단지가 아닐까? 부천시민에게는 애물단지이겠지만.

부천시는 1994년 11월 부천 도시기본계획 수립 시 현 상동 지역의 일부를 유원지 부지로 확정했다. 이후 민선 1기 시장으로 취임한 이해선 시장은 부천시를 영상문화의 도시로 육성하겠다는 장기계획을 세웠다.

홍건표 전시장은 부천영상문화단지를 민간자본을 유치하여 한국을 대표하는 문화 메카로 본격 개발하기 위한 종합개발계획을 입안하여 이를 본격 추진했다. 부천시를 상징적으로 잘 표현할 수 있는 영상·만화·테마파크로 조성한다는 야심찬 프로젝트를 밀어붙였다.

10만 평 규모의 영상문화단지에 서커스 상설공연장, 아인스월드, 한국만화영상진흥원과 녹지공간 및 무형문화재 공방거리를 조성했다. 실행은 안 되었지만 로봇스포츠센터를 추진했다. 부천시는 영상문화단지 종합개발 민간참여 공모를 실행해 우수한 사업자 유치에 발 벗고 나서기도 했다.

홍건표 전 시장은 영상문화단지가 더 이상 애물단지가 아니라 부천시가 21세기 새로운 패러다임인 문화 콘텐츠로 세계적인 문화도시로 도약하는 디딤돌이 될 것이라고 호언장담했지만 김만수 시장은 전임시장의 정책을 뒤엎고 영상문화단지를 문화공간 마루타로 만들었다. 실험용 쥐도 아닌데 죽는지 사는지 약을 투여하는 꼴이다. 시장에 당선만 되면 기생 다루듯 영상문화단지를 이리 만지고 저리 만지고 이 옷 저 옷 입혀 본다. 타당성 용역으로 김만수 시장은 어떤 옷을 입힐지 궁금하다.

야인시대 세트장 구경꾼이 거의 없다. 3천5백 평 규모의 동춘서커스장은 업자가 부도를 내 흉물스러운 건물로 남아 있다. 소프트웨어 콘텐츠는 없고 시멘트 하드웨어만 있다. 640억짜리 한국만화영상진흥원, 다양한 밥집, 커피숍, 엑스포산업관, 공방거리가 문화 콘텐츠로 세계적인 문화도시로 도약하는 디딤돌이란다. 기형적인 모습으로 된 것은 부천무형문화엑스포를 폐지하는 순간부터였다.

부천시민은 책임지라고 할 것 같다. 홍건표 전 시장이든, 김만수 시장이든 시민의 땅과 혈세를 가지고 영상문화단지를 문화가 꽃피는 동산이 아니라 온갖 쓰레기가 쌓이는 난지도처럼 만든 것에 책임을 져야 한다. 김만수 시장은 문화정책을 뒤집어 혈세낭비를 해 책임이 크다.

김만수 시장은 취임한 지 1년이 안 됐지만 모든 것을 엎어 버리고 새로 할 계획인 모양인데 야인세트장을 다른 용도로 쓰고 다른 공간은 존치했으면 한다. 불도저로 밀어 버리고 새로 건축하겠다는 발상은 MB의 토건정부를 비난하는 민주당 시장이 할 일이 아니다.

부천시민들은 뼈있는 말을 한다. 문화특별시에 문화전문가는 없고 정치꾼만 있다 보니 부천시가 이 모양이라고 한다. 부천시의회에도 문화전문가가 없다고 한다. 아니 생각해 보니 딱 한 명 있다. 기획재정위원회 강동구 위원장이 영상문화단지 해법을 내놓을 수 있다. '밤문화'도 문화이니 문화전문가 아닌가. 부천시민의 눈을 의식하지 않는 부천시의회 존경스럽다.

부천영상문화단지는 마루타, 기생도 아니고 난지도도 아니니 정치논리로 혈세낭비하지 말고, 더 이상 부천시민을 우롱하지 않았으면 한다. 기생이면 죽고 못 사는 정치인 때문에 부천영상문화단지가 또다시 누드가 안 되었으면 한다.

▎리무진 리버럴, 권력 노조는 사회적 약자?

사업주, 시민, 세금 내는 사람들 허리 휜다.

이건희 삼성전자 회장이 정운찬 동반성장위원장이 제기한 초과이익공유제를 "사회주의 용어인지 공산주의 용어인지 자본주의 용어인지 도무지 들어 본 적이 없는 말"이라며 이익공유제를 직설적으로 비판했다.

또한 이 회장은 "어릴 때부터 기업가 집안에서 자라 경제학 공부를 해 왔으나 이익공유제라는 말은 들어 보지도 못했고 이해도 안 가고 도무지 무슨 말인지를 모르겠다."며 "부정적이다 긍정적이다를 떠나 경제학 책에서 배우지도 못했고 누가 만들어 낸 말인지도 모르겠다는 뜻"이라고 목소리를 높였다.

정운찬 동반성장위원장은 일간지 칼럼에 "동반성장의 목표는 중소기업에도 성장의 기회를 고르게 나누어 주자는 것"이라며 "초과이익공유제는 이 목표를 달성하기 위한 방법에 불과하다. 하도급기업의 생산성 향상과 고용안정을 위해 대기업의 자율적인 투자(기부)를 유도하고, 여기에 호응하는 대기업에는 혜택이 돌아가도록 해 보겠다는 것이다."라고 반박했다.

대기업이라고 불리는 재벌들, 특히 삼성을 욕하고 싫어한다면서 다들 삼성이라는 회사에 취직하려고 안달이다. 청년실업자 중에 삼성에 취직하면 가문의 영광이고 애인의 얼굴도 달라진다고 한다. 그러나 이건희 회장의 작심한 발언에 국민 정서상 공감을 하는 목소리는 크지 않다. 사회양극화로 민심은 극도로 흉흉하다.

1995년 '베이징' 발언으로 큰 고초를 겪은 이회장이 작심이라도 한 듯 냉소적인 표현을 동원해 가며 이익공유제를 비판한 이유가 있을 것이다. 한나라당 홍준표 의원은 "이익공유제는 급진좌파적 주장"이라고 비판을 하면서 이 회장 편을 들어 주었다.

반면에 청와대와 여권은 동반성장위원장 사퇴 의사를 밝힌 정운찬 전 총리를 잡기 위해 막후 총력전을 폈다. 청와대 핵심관계자는 "이명박 대통령의 뜻은 정 위원장이 동반성장을 책임지고 이끌어 달라는 것"이라고 했다. 정 전 총리에 대해 사실상 재신임 의사를 밝힌 것이다.

이재오 특임장관도 트위터에 "동반성장은 이익이 많이 생기면 중소기업에 기술개발비도 좀 지원해 주고 상생하자는 것인데, 알 만한 사람들이 교과서에도 없으니 자제하라느니, 왜 그러는지 참 알 수 없다."고 글을 남겼다.

'베이징' 발언으로 큰 고초를 겪은 이건희 회장은 아무리 레임덕이라고 하지만 MB와 실세 이재오 특임장관의 비판에 곤혹스러울 것이다. 그러나 이건희 회장이 권력의 생리를 모르고 소신 발언을 하지는 않았을 것이다.

대기업과 중소기업 간의 고질적인 갑을(甲乙)관계에서 국민들은 약자인 중소기업 편을 든다. 정치인에게는 복지가 최대의 화두이고, 사회적 약자 편을 든다고 입으로 늘 말한다. 사회양극화 해소를 위해 부자의 희생을 요구하는 것은 진보 정치인의 전유물이 더 이상 아니다. 정치인은 정치생명을 유지하기 위해 사회적 약자를 위한 행보를 안 할 수가 없다.

소신을 피력하는 정치인·지성인이 갈수록 줄고 있다. 잘못 건드리면 돌아오는 인신공격적인 댓글, 등골이 오싹할 협박이 무서워 묻어가는 삶을 산다. 막강한 세(勢)를 가진 시민단체, 노조를 건드리거나 맞섰다가는 자칫 뼈도 못 추린다. 노조 비판을 한 적이 있었는데 사업장을 폭발시키겠다는 험한 말도 들었다. 권력노조를 비판할 뿐이지 노조의 순기능을 부인하지도 않고 순수한 노동자를 옹호한다.

노조는 새로운 '권력'으로 부상하고 있다. 성역(聖域)이다. '신(新)권력'을 비판한다는 게 권위주의 시대에 대통령을 비판하거나, 군(軍)을 건드리는 만큼 버거운 일이라고 한다. 노동자를 대변하고 사회양극화 해소를 위해 뛰는 노동자 대변인이 있는 반면에 '리무진 리버럴', '귀족 노조', '권력 노조'가 되어 지탄의 대상이 되고 있다.

'세몰이' '신(新)권력' 시민단체, 노조의 도움으로 지방권력을 잡은 김만수 시장은 부천시정운영공동위원회 위원의 요구에 부천시는 조용할 날이 없고, 요동치고 있다. 수렴청정, 대리청정을 하는 것이 아니면 시정운영공동위원회가 꼭두각시(string puppet) 놀이를 하고 있다.

'부천시 비정규직 노동자 권리보장과 비정규직노동자지원센터 설치 및 운영에 관한 조례'(이하 비정규직 조례) 부결로 김만수 시장은 야권단일 후보 일 때 약속한 것을 성심성의껏 이행하지 않았다고 거센 비판을 받고 있다.

"당론으로 반대를 결정한 한나라당은 비정규직을 양산한 원죄와

더불어 비정규직 노동자의 최소한의 권리마저도 걷어차 버린 몰염치한 정당"이라고 진보진영 정당, 노동계, 시민사회가 규탄 성명을 발표했다. 그런데 한나라당 시의원은 소신 발언이나 성명서 발표도 하지 않고 있다.

게다가 "지역 몇몇 보수언론도 이번 사태에 큰 책임이 있다."며 "조례가 통과되면 예산이 많이 들것이고 마치 조례가 공공부문 비정규직 전체를 공무원으로 전환하게 할 것처럼 보도하였다. 하지만 그건 사실과 다르다."고 피력했다. 아울러 "예산이 필요한 부분은 비정규직센터의 설치 정도만 있고 나머지는 예산의 배분 문제이지 새로운 예산이 들어가지는 않는다."고 했다.

'정치적 보은, 혈세로 꼭 해야 하나?' 칼럼 내용을 비판한 것 같아, 시의원, 현 고위공무원 2명(실명은 거론 못 하겠다), 부천시 전 시장에게 물어봤다. 현 고위공무원도 "비정규직 조례가 통과되면 당연히 예산이 늘어나게 돼 있고, 예산 문제로 부천시가 힘들어질 수 있다."고 했다. 부천시 전 시장도 "비정규직을 정규직으로 전환하면 좋지만 재원확보가 어려워 현실적으로 불가능하다."고 했다. 요컨대, 부천시민이 등골이 휘도록 세금을 더 낸다면 문제될 게 없다.

이데올로기를 떠나 여·야 정치인, 지식인들은 사회적 약자를 돌보자고 복지를 말하고 있다. 사회양극화 해소를 하지 말자는 사람은 없다. 그러다 보니 완전고용이나 정규직 고용에 대해 일종의 환상을 갖고 있다. 사회주의 국가가 아닌 이상 무한경쟁이라는 원리 위에서 무한 축적과 무한 이윤을 추구하는 자본주의 사회, 경제 시스템 아래서는 결코 정규직 고용이나 완전 고용이 바람직하지도, 가능하지도 않다.

정규직과 비정규직 사이의 차별 해소, 양극화 해소를 외면할 수는 없다. 모든 비정규직을 없애고 정규직으로 만드는 것은 중요하다. 이른바 '동일 노동, 동일 임금'이라는 원칙이다. 그러나 "사회주의 용어인지, 공산주의 용어인지, 자본주의 용어인지" 말을 인용하지 않더라도 자본주의 국가에서 가능한 일은 아닌 것 같다. 종신고용이나 평생 직장은 없다고 봐야 한다.

비정규직 조례 공동발의를 한 강모 시의원의 진정성을 느낄 수 없다. 남성전용업소를 들락거려 부천시에서는 '밤의 황제'라고 불린다. 노동단체 전 의장도 '밤 문화'를 즐기다가 공중파 방송까지 탄 적이 있다. 세몰이, 노동자를 앞세워 정치를 하는 것이 옳고 그름을 논하고 싶지는 않다. 다만, 이중성에 부천시민은 역겨워하고, 정치, 정책에 순수성을 의심하고 있다.

정치인, 귀족 노동자의 사회적 약자를 위한다는 목소리가 헛구호가 아니라면 부천시민도 비정규직 조례에 관심을 가질 수 있다. 특권층, 기득권층이 5%라면 95%가 사회적 약자이기에. 다 그렇다는 것은 아니지만, 산하기관 비정규직도 백이 있어야 들어가고, 수탁기관은 권력집단이다. 이들에게 혈세를 팍팍 퍼 준다는 것에 동의할 시민은 얼마나 될까?

스캔들 공화국, 제2의 똥아저씨는 없나?

누리꾼이 찾아낸 한나라당의 C모 의원 곤혹스럽겠다.

빨리 읽히는 글이 있다. 그야말로 후딱 읽어 치울 수 있는 글은 시간 때우기에 적합하다. '리무진 리버럴, 권력 노조는 사회적 약자?' 칼럼처럼 길고 딱딱한 글보다 '부천시의원 중 예쁜 의원은?'처럼 가벼운 글을 선호한다. 이 글은 팝콘 같은 글이 될 것 같다.

집에서 남자들이 만지기 좋아하는 두 가지가 있는데 리모컨과 마누라 젖꼭지라는 우스갯소리가 있다. 시사에 민감한 남자들이지만 무거운 시사토론 프로그램보다 소녀시대, 원더걸스, 티아라, 카라, 아이유가 나오는 연예인 수다 프로그램을 보며 시간 때우기를 좋아한다. 저질, 수준 이하라고 들먹거리지도 않는다. 배꼽 잡고 웃을 수 있으면 최고다.

요즘 말초신경을 자극하는 기사거리가 한두 개가 아니다. 상하이 스캔들, 장자연 성상납, 신정아 자서전 4001, '빅뉴스'들이 쓰나미처럼 쏟아지고 있다. 대한민국 고위직 사람들의 스캔들을 보면 부도덕한 행위에 할 말이 없다. "바보야, 문제는 아랫도리야" 소리가 입가에 맴돈다.

'상하이 스캔들'에서 우리나라 최고 엘리트들이 한 여자에 이렇게 농락당할 수도 있다는 것에 놀랐다. 신정아 자서전 『4001』 때문에 잠

못 이루는 사람도 있겠다. 정운찬 동반성장위원장은 정치적 생명뿐만 아니라 도덕적으로도 치명타를 입었다.

신정아 씨는 적나라하게 까발렸다. 정 전 총리가 밤늦은 시간에 호텔 바에서 만나자고 하는 등 자신을 처음부터 단순히 일 때문에 만나는 것 같지는 않았다고 했다. 신 씨는 "서울대 총장이란 이 나라 최고의 지성으로 존경받는 자리"라며 "정 총장이 '존경'을 받고 있다면 존경받는 이유가 뭔지는 모르지만 내가 보기에는 겉으로만 고상할 뿐 도덕관념은 제로였다."고 썼다.

이 글을 쓴 후에 서점에 들러 '신정아 자서전'『4001』을 구매할 생각이다. 어떤 여자이기에 노무현 전 대통령 이름도 거론되고 고관대작이 무릎 꿇고 구애를 했는지 알고 싶다. '미실'이 살아 돌아온 것 같다. 『화랑세기』에 나오는 '미실'은 권력욕의 화신이자 여장부였다

자서전 『4001』에서 자신을 성추행했다고 폭로한 '유력 언론사 문화부 C기자'를 찾아 누리꾼들이 수사에 나섰다. 트위터를 통해 정보를 주고받으며 문제의 C기자를 찾아 실명을 거론하고 있고, 검색을 해 보면 문화부 C기자는 국회의원이라고 한다.

신정아 자서전 『4001』 때문에 가슴이 시커멓게 타들어 갈 사람 많을 것 같다. 신 씨를 집적거렸던 문화부 C기자의 신분이 밝혀지는 날에는 그동안 쌓아온 명예, 도덕성이 하루아침에 무너지겠다.

악의적인 거짓말에 모든 법적 대응하겠다고, 일고의 가치도 없는 일방적 주장일 뿐이라고, 책에서 모든 남자들이 자기를 좋아했다고 주장하는데 책을 팔기 위한 '노이즈 마케팅'이라고 한들 국민들은 이제 그들을 예전의 시각으로 보지 않을 것이다.

신 씨의 책 속에 나오는 C기자는 현재 한나라당의 C모 의원이라는

소문이 파다하다. 한나라당이 어떻게 대처할지 궁금하다. 부천에서도 스캔들로 곤혹을 치르는 의원이 있다. 아무런 꼬투리나 빌미가 없이 루머가 만들어지지는 않는다.

단순한 스캔들이 아니었다. '설마'가 사람 잡는다. 신정아 씨 자서전『4001』내용이 사실이라면 서울대 총장이란 이 나라 최고의 지성인 정운찬 씨는 원초적 본능을 드러낸 것이다. 상하이 스캔들, 신정아 스캔들에 연루된 사람들이 한결같이 서울대 출신이다. 공부는 잘했는지 몰라도 연애는 빵점이다.

유력 신문사 문화부 C기자에게 노골적인 성추행을 당한 후 신정아 씨는 치마를 입지 않았다고 한다. 무슨 짓을 한 것인지 상상이 간다. 공부하는 머리는 좋았는지 몰라도 행동은 속된 말로 양아치였나 보다.

신 씨는 "처음부터 내가 먼저 원하던 관계가 아니었다. 끈질긴 변양균 전 대통령정책실장(똥아저씨)의 사랑에 나는 무너졌고 그다음부터는 일사천리였다."고 적었다. 원래 사랑은 소리 없이 찾아오는 것이다. 똥아저씨하고는 사랑을 했는 모양이다.

정치이든, 예술이든 학벌에 의한 학연이 있어야 성공할 수 있다는 사회에 살고 있다. 그렇다고 대다수 국민들은 신정아 씨처럼 허위학력으로 살아가지 않는다. 거리낌 없는 변명과 뻔뻔함에 당혹해하는 국민들이 많다. 여자의 자서전 하나에 우리나라가 떠들썩한 것 자체가 더 큰 문제일 수도 있다.

신정아 씨를 성추행한 것으로 누리꾼이 찾아낸 한나라당의 C모 의원, 스캔들로 곤혹을 치르고 있는 부천시 정치인, 내년 총선에서 문제가 없을까?

만화진흥원 카툰티처의 새로운 인생

60에도, 70에도 원하는 일을 할 수 있다.

고령화 시대라고 한다. 산업화 세대, 후대에게 가난을 물려주지 않으려고 보릿고개 시절 배고픔을 참고 산업 일꾼으로 경제발전에 기여했다. 못 배운 한을 풀려고, 소 팔고, 밭을 팔아 자식 공부시킨다고 허리가 휘면서까지 자식에게 무한한 사랑을 베풀었기에 이젠 보살핌을 받고 편안한 삶을 살아도 되는데 젊은이들을 보면 괜히 미안해하고, 나라 걱정을 하는 어르신들이 적지 않다.

보릿고개를 추억삼아 하루하루 사는 어르신들 요즘 일과는 어떨까? 지하철을 타고 다니면서 무료한 시간을 보내는 분도 있고 노인정에서 고스톱을 치면서, 혹은 복지관에서 운동, 공부를 하면서 건강을 챙기기도 하고 취미생활을 하는 분도 있다. 반면에 폐지를 줍고, 복지혜택으로 근근이 살아가는 어르신도 있다.

평균수명이 길어지면서 나이는 숫자에 불과하다고 활동적인 일에 관심을 갖고 새로운 삶을 개척하는 어르신들이 있다. 한국만화영상진흥원 만화규장각에서 어르신들이 카툰티처(cartoon teacher)로 관람객에게 친절한 안내와 만화 해설을 하고 있다. 카툰티처들은 새로운 사회활동으로 활기찬 노년을 보내고 있다.

딸의 손을 잡고 규장각을 방문했을 때 할머니(카툰티처)가 너무나 친절하게 친손녀처럼 대하고, 아이 눈높이에 맞춰 차분하게 만화 설명을 하는 것을 보고 이게 진정한 교육이라고 생각했다. 차후에 부천시니어클럽에서 활동하는 어르신이라는 것을 알았다.

보건복지부지원기관으로 지역사회 노인에게 적합한 일자리의 개발·보급과 관리의 체계적 수행을 통하여 노인의 경제·사회활동 기회확대 및 노인인력의 창조적 활용으로 국가의 생산성을 제고하고 '연령'이 아닌 '능력' 중심의 고령사회 기반 구축이 부천시니어클럽 설립취지라고 한다.

카툰티처(cartoon teacher) 일자리는 어르신의 활기찬 노후생활과 경제적으로도 도움이 될 것 같다. 카툰티처로 일하는 어르신들의 얼굴은 하나같이 밝았다. 나이를 떠나, 어떠한 복지혜택보다 일자리만 한 것이 없다는 것을 방증한다고 볼 수 있다.

부천시니어클럽은 노인의 풍부한 경험과 사회적 경륜을 활용한 다양한 사업을 하고 있다. 회원 현황을 보면 5,865명이고 여성 회원이 조금 많다. 시장형 사업으로 해마루참두부(두부제조판매사업), 해담은제과(웰빙스낵제조사업), 까르르잼잼(베이비시터운영사업), 유니원기획(유니폼판매사업) 등이 있고, 인력파견사업, 특별기업사업, 교육형사업으로 노인의 일자리, 노인의 사회참여를 확대하고 있다.

어르신의 풍부한 경험과 사회적 경륜은 교육형 사업에서 빛을 내고 있다. 푸르메(숲생태해설사업), 카툰티처(문화해설사업), 에지마당(우리문화도듬이사업), 실버누리(아동극공연사업) 등 어르신의 지혜와 사랑을 고스란히 받을 수 있고, 핵가족화가 돼 조부모의 사랑이 절실한 요즘에 이만 한 교육은 없는 것 같다.

한국만화영상진흥원 김병헌 원장에게 카툰티처 처우개선 이야기를 한 적이 있다. 직설적으로 업무추진비, 낭비성 예산 절감해서 처우개선에 노력을 했으면 하는 바람을 전했다. 김병헌 원장은 흔쾌히 하겠다고 했다.

한국만화영상진흥원은 땅값은 별개로 건물을 짓는데 6백40억 원의 혈세가 들어갔다. 상징적으로 '로버트 태권브이', '둘리' 형상으로 건물을 지었으면 막대한 홍보비용 없이 부천의 랜드마크가 되지 않았을까. 만화박물관이라고 하지만 특징이 없다. 어정쩡한 건물로 공간 효율성도 떨어진다고 한다.

만회하기 위해, 한국만화영상진흥원은 다양한 퍼포먼스를 하고 있다. 한국 만화를 살리기 위한다며 '만화사랑 서포터즈' 발대식을 치렀고, 여류만화 사인회, 부천 만화영상 창조산업 육성전략 시민소통보고회도 하였다.

고압적이고 딱딱한 이미지를 탈피하기 위해 시청사 1층 로비에 '만화카페'가 문을 열었고, '둘리조형물 포토존', '포메이션데스크'를 설치했다. 하드웨어만 고압적인 것이 아닌데 하드웨어만 덧칠을 했다. 조만간 시청사 옥상에 '로버트 태권브이' 애드벌룬을 띄우는 아이디어를 내는 사람도 있겠다. 아이디어가 생뚱맞지만, 굳이 한다면 녹색으로 하지 않을 것으로 믿는다. 둘리는 녹색인데 서울 도봉구에 뺏겼다. 아쉽겠다.

한국만화영상진흥원은 부천시청 차에 카툰으로 도색을 하였다. 시청 차 6대에 홍보(도색)비로 2천만 원을 지불했다고 한다. 한국만화영상진흥원은 고군분투를 하고 있다. '문화특별시'에 만화산업은 제 몫을 톡톡히 하고 있다.

부천 '문화화특별시' 정책과 이미지에 걸맞은 랜드마크로 자리매김한 한국만화영상진흥원 '뮤지엄 만화규장각'의 관람객이 예전과 다르게 눈에 띄게 늘었다고 한다. 진흥원 직원이 열심히 뛴 만큼 반응이 나타나 행복한 비명을 지를 수도 있겠다.

은퇴 후 놀면서 살기에는 인생이 길다고 하는 어르신들이 많다. 만화규장각 카툰티처(cartoon teacher) 때문에 관람객의 만족도가 높은 것을 부인할 수 없다. 60에도, 70에도 80에도 원하는 일을 할 수 있다. 카툰티처 어르신들이 건강하고 행복했으면 한다.

한국만화영상진흥원은 화려한 퍼포먼스보다는 내실 있는 일처리로 혈세를 효율적으로 사용했으면 한다. 진흥원이 카툰티처에게 배려와 관심을 좀 더 가졌으면 좋겠다.

▌성역을 허용하는 사회, 닫힌 사회

종교가 성역이라고 하지만, 심했다.

매일 터지는 사건 사고에 무감각하다. 다만, 내 일이나, 내 가족만 아니기를 바란다. 이번 일본에서 일어난 대지진은 리히터 규모 9로, 일본 역사상 가장 강력한 지진이고, 세계 역사상 5번째로 강한 지진이라고 한다. 사건 사고에 무감각한 사람일지라도 일본 대지진의 참화에 충격을 받아 말을 잃었을 것이다.

재앙을 다룬 과학소설 영화에 익숙해 자연재앙의 파괴력을 두려워하지 않았다. 영화 <해운대>에서 나오는 10m를 넘는 쓰나미의 파괴력을 보고도 팝콘을 먹으며 영화의 재미에 빠져 영화에서만 나올 흥미 있는 소재로만 생각했다. 일본인의 참사는 영화와 비교되지 않는 충격적이고 끔찍한 모습에 공포가 밀려온다.

가깝고도 먼 이웃나라 일본, 일본 사람들의 슬픔과 고통은 안쓰럽고, 가까운 이웃 우리가 진정으로 도와야 한다. 하루빨리 피해를 복구하고 정상적인 삶으로 회복하길 기원한다.

해묵은 감정이 있다고 하더라도 일본의 재난을 언급하면서도 삼가야 할 말이 있다. 네티즌들이 상처받고 고통받는 일본 국민에게 위로

117

는 못할망정 수준 낮은 글, 장난 글을 올려서는 안 된다. 고통을 내 일처럼 느끼고 아파해야 한다.

그런데 철부지 네티즌도 아닌 원로목사가 개신교 인터넷 매체와의 인터뷰에서 '일본 지진은 하나님의 경고'라는 말을 해 국민들은 경악을 금치 못하고 있다. 네티즌들이 들불처럼 일어나 질타를 하고 있다. 종교가 성역이라고 하지만 이건 아닌 것 같다.

문화평론가 진중권 씨는 자신의 트위터를 통해 "이런 정신병자들이 목사○을 하고 자빠졌으니……."라고 했다. 이명박 대통령의 무릎기도 이후 정치권과 시민사회계 전반에서 정교분리원칙 위배 논란이 일어난 적이 있었다. 거친 표현이지만 어느 누구도 진중권 씨의 발언을 문제 삼고 있지 않다. 물론 종교단체에서는 비판을 하고 각을 세울 것이다.

사회지도층, 정치인들이 종교에 무릎을 꿇으니 이런 일이 일어나는 것이 아닐까. 종교가 언제까지 성역이어야 하나. 종교 집단이 막강한 세력이 되었기 때문에 성역화가 된 것이다. 낮은 곳에서 임하는 대신 종교재벌, 종교귀족이 되어 높은 곳에서 군림하는 모습을 언론조차 비판을 쉽게 할 수 없다.

성역을 허용하는 사회는 닫힌 사회다. 세속의 평균적 도덕성을 파괴하는 기득권층, 특권층이 성역화되고 있다. 정치인들은 국민들로부터 비판을 받고 비난을 받을지언정 결코 권력남용, 군림을 멈추지 않는다. 공정한 사회, 원칙이 통하는 사회를 위한다면 성역이 존재해서는 안 된다.

지역에서는 국회의원이 거의 성역이다. 국회에서는 거수기 노릇을 하지만 지역에 내려오면 시·도의원, 보좌관 수발을 받으면서 지역을 누빈다. 원혜영 국회의원은 부천시의 상왕(上王)이라고 한다. 김만수 시장, 시·도의원들이 수족이다. 게다가 산하기관에 조직원들을 쫙 깔아놓았다.

국회의원들은 성역이 아니라고 할 것이다. 동네에서 질타 받고 언론에서 난도질한다고 말이다. 그런데 그렇게 질타를 받더라도 할 것은 다 한다. 월급 올리고, 보좌관 숫자 늘리고, 국회회관 사무실 넓히고, 정치자금법 개정하고, 공천권 휘두르고 거의 신(神)적인 존재다. 유권자의 따가운 눈총, 비판여론에 눈도 깜짝 안 한다.

원혜영, 이사철, 임해규, 차명진 의원이 19대 총선에서 지역구를 지키기 위해 조직 정비에 박차를 가하고 있다. 모 의원은 국회의원회관의 일부 짐을 지역구 사무실로 옮겼다고 한다. 지역구에서 전력투구하겠다는 것이다. 19대 총선에서 당선되면 3선, 4선 의원이 된다. 드라마 <대물>에서 "재선은 큰 형님, 3선은 부모, 4선은 임금, 당 대표는 하나님"이라고 했다.

현역 국회의원들이 만일에 다 당선되면 부천시에는 부모님 급이 3명이고 임금님 급이 1명이다. 요즘 여론은 도저히 부모님 3명 모시고, 임금님 1명을 못 모시겠다고 한다. 말로만 머슴이고, 상전 노릇을 더 이상 못 보겠다는 것이다.

재선, 삼선하면서 한 것도 많다고 하지만 못 한 것도 적지 않다고 한다. 배부르고 등 따스한 재선, 삼선 국회의원의 머슴정치, 서민정치가 와 닿지 않는다고 한다. 정치적 수사에 현기증이 난다고 한다. 기부천사, 교육전문가로 포장을 해도 똑똑한 유권자들이 등을 돌리고 있다.

깨끗하고 참신한 정치인을 바라지만 정치라는 것이 돈과 조직이 필요하기에 깨끗할 수가 없고, 깨끗한 인물을 찾을 수도 없다고 한다. 부천 4개 지역구에서 도전하겠다는 총선 후보자들도 그다지 신선하고 참신하지 않다고 한다. 부도덕한 짓으로 감옥에 갔다 오고, 도덕적 흠집이 있는 분들이 맞짱을 뜨겠다고 벼르고 있다. '그놈이 그놈'이라고 하면서 부천시민들은 19대 총선에 설렘도 없고 기대도 하지 않는 분위기다.

그런데도 이유 불문하고 바꿔야 한다는 여론은 비등하다. 1년도 안 남은 총선을 위해 앞으로 지역구에서 예전과 다른 모습을 국회의원은 보여 줄 것이다. 상처받은 유권자, 배신감 느낀 유권자가 과연 그들의 손을 따뜻하게 잡아 줄 수 있을까.

이소라, 김범수, 백지영, 정엽, 박정현, 김건모, 윤도현 등 가수 7명이 매회 주어진 곡을 부르면 청중심사단이 점수를 주고 7등을 한 1명은 탈락하는 서바이벌 형식을 띤 '나는 가수다'라는 프로그램이 인기다. 일명 명품 가수로 칭송 받는 가수들이 모여 쟁쟁한 실력을 겨루어 흥미진진하다.

원혜영, 이사철, 임해규, 차명진 재선 삼선의원은 기득권을 유지하고 서바이벌 경선을 피하려고 할 것이다. 폐쇄적이고 구태의 계보, 밀실 공천이 아니라 경선이 국민경선 서바이벌 형식을 띤다면 유권자들은 흥미를 느낄 수 있다. 공정한 경선의 기미가 보인다면 국민들이 적극 참여하고, 참신한 정치인을 지지해 대폭 물갈이를 할 수도 있다.

미증유의 국가적 비극에 마음이 저려온다. 하루빨리 극복하기를 바란다. 부천시도 자매시에 관심을 가지고 다양한 채널을 이용해 실질적인 도움을 줬으면 좋겠다. 정치인들은 '내 코가 석 자'라고 할 수 있지만 고통받는 일본인에게 도움을 줄 수 있는 일을 강구했으면 한다.

인간은 오만하여 자연의 지배자로 착각했다. 자연재앙 앞에서 인간의 나약함을 보았다. 국회의원이 성역이라고 생각하고, 권력자로서, 지배자로서 유권자에게 오만한 행동을 했다면 재앙을 맞이할 수 있다.

정치적 보은, 혈세로 꼭 해야 하나?

권력집단, 귀족노조에게 혈세 줄 수 없다.

김만수 시장의 책자용 선거공보물을 훑어보았다. 널리 알려져 있다시피 '시민은 부끄럽습니다', '6년 동안 뭐하셨습니까', '오만하고 독선적인 이명박 정부가 망가뜨린 지방살림' 헤드라인으로 공보물 절반을 비방, 비난으로 채웠다. 김만수 시장 선거공보물에 비하면 난장의 비판은 품격 있고 우아하다.

김만수 시장은 선거에서 헐뜯기, 폭로, 흑색선전, 왜곡이든 수단 방법을 가리지 않고 승리하면 그만이라는 것을 명확히 보여 줬다. 어디 가서 모범적인 선거를 치렀다고 말은 못할 것 같다. 어쨌든 지방권력 잡아 살생부로 물갈이 제대로 해 측근들이 조직을 장악했다.

지저분한 비방 내용을 보려고 한 것이 아니라 김만수 시장의 공약 사항을 보고자 공보물을 펼쳤다. '부천시 및 산학기관 소속 비정규직의 정규직화 및 비정규직 지원 조례 제정 추진'이라는 공약을 보기 위함이었다.

야권 단일후보로서 민주노동당의 요구사항을 수용했을 것이라는 추측을 해 본다. '부천시 비정규직 노동자 권리보장과 비정규직 노동자지원센터 설치 및 운영에 관한 조례'를 읽어 보면 사회적 약자(비정규직 노동자)를 위해 필요한 조례일 수 있지만 다듬어야 할 내용도 있는 것 같다.

김만수 시장은 선거에서 조직의 도움을 받고, 표를 얻기 위해 무상급식이나 비정규직 노동자를 위한 포퓰리즘 정책을 내놓았을 것이다. 물론 소신과 철학이 있었겠지만. 다가오는 총선 대선에서 복지가 최대의 화두가 될 것이라고 한다. 너도나도 복지를 말할 것이다.

조례에 따라, 비정규직 노동자의 처우개선, 고용불안 해소를 위해 정규직으로 전환시킬 수 있는 여건이 형성된다면 얼마나 좋을까? 비정규직, 청년 실업자 없는 세상을 어느 누가 원하지 않겠는가. 공공부문의 계약직, 임시직, 파견 근로자 처우개선을 위해서는 재원이 필요하다.

성장이 있어야 분배가 가능하다. '문화특별시' 슬로건 아래 소비성, 낭비성 축제에다 비대해진 공무원 조직을 위한 재원이 남아도는 것이 아니다. 세금 내는 시민은 한정돼 있다. 산하기관, 위탁기관 비정규직 노동자를 정규직화하면 공무원이 최소 1천5백 명이 늘어난다고 보면 된다. 김만수 시장, 김관수 시의장 업무추진비 팡팡 물 쓰듯이 쓰는 꼴에 부천시민들이 뿔났는데 공무원 1천5백 명이 늘어난다고 한다면 납세 거부운동도 할 판이다.

부천시의 위탁시설은 총 72건이고 수탁기관은 다양하다. 부천시는 2010년 수탁기관에게 656억여 원의 위탁비를 지급하고 근로자는 1,401명이다.

궁금한 점이 있어 일자리 정책과장에게 물어보니 정보공개신청을 하라고 한다. 그것도 시니컬하게. 11월 16일 사회적 기업 해외 견학차 일본 가는데 격려금 500,000원을 시장에게 받았고, 동행한 김경협 씨, 강동구의원하고 친분도 있으니 껄끄럽다는 입장은 이해가 간다.

민간위탁사무 현황을 보니 한국노총부천지부가 부천시 근로자 종합복지관을 수탁운영하고 있는데 위탁비가 다른 위탁시설물의 위탁비와 비교했을 때 기하급수적으로 늘어나 물어볼 수밖에 없었다. 최초 수탁일이 2000년 12월 1일인데, 위탁비가 얼마인지 물으니 퉁명스럽게 "별들에게 물어봐"라는 식이었다.

존경스럽다. 무슨 말을 하랴. 과장 뒤에는 든든한 백이 있으니 무서울 게 없겠다. 수탁기관이 힘이 세다. 시의원도 있고, 김만수 시장 최측근 민주당 원미갑 전 지역위원장도 있고, 부천시정운영공동위원회 위원도 있다. 끗발로 치면 시장 동급이 2명이나 있는 셈이다. 노동자를 앞세운 정치적 세몰이는 순수성 의심받기에 딱 좋다.

2004년 위탁비가 1억 6천 정도인 것으로 기억한다. 그때 공무원은 정보공개신청을 안 해도 위탁비, 수탁계약서까지 친절하게 보여 줬다. 일자리 정책 조과장은 공무원이기 때문에 자료를 줄 수 없다고 단호하게 말했다. 수탁계약서까지 보여 준 친절한 공무원이 잘못한 것인가, 아니면 시니컬하게 정보공개신청해서 알아보라는 조과장이 잘한 것인가.

가르쳐 주지 않으니 추측할 수밖에 없다. 2000년 최초 수탁 받을 때 위탁비는 1억 1천 정도 아니었을까? 2008년 304,495천 원, 2009년 369,968천 원, 2010년 409,095천 원이다. 10년 동안 거의 4배가 증가했다. 위탁비의 대부분이 인건비로 알고 있는데 직원은 10명이다. 상식선에서 판단할 수 없는 증가액이다.

일자리 정책과장이 조금 친절하게 가르쳐 줬다면 정확한 수치가 나왔을 것인데 아쉽다. 독자들도 아쉽겠다. 김만수 시장, 일본 여행(연수) 같이 갔다 온 김경협 씨나 강 의원으로부터 자료 제공 안 했다고 칭찬 아닌 칭찬을 받을 수도 있겠다. 승진과 출세는 그렇게 하는가.

수탁기관들이 재위탁하는 위탁시설이 많다. 열악한 근무조건이라고 하지만 민간업자들은 세금에, 임대료에 허덕여 하루가 멀다고 문 닫는 영세업자가 많다. 위탁시설 운영하기 어렵다고 죽는 소리를 하는 수탁기관이 있다고 하는데 위탁비를 더 받기 위한 술책 아닐까. 물론 헌신과 봉사로 공익을 위해 수탁운영하는 단체도 있다.

비정규직 노동자의 애환을 모르는 국민은 없다. 아르바이트로 근근이 살아가는 청년실업자, 대학 등록금 때문에 공부보다는 파트타임 노동자로 사는 젊은이들을 주위에서 쉽게 볼 수 있다. 사회 양극화 심화로 비정규직뿐만 아니라 복지혜택을 바라는 이웃이 너무 많다는 것이 우리의 현실이다.

우리나라처럼 경직된 노동시장 구조 아래서는 청년층의 일자리가 줄어들고 공기업이든, 사기업이든 인건비 부담이 늘어나 '풍선효과'를 불러올 수밖에 없다. 1천5백 명을 정규직화하면 인건비를 마련하기도 어렵고 공무원 총정원제, 총액임금제 같은 제도의 벽에 걸리지 않을까. 계약직을 정규직으로 바꾼다면 현 계약직 근로자나 수탁기관에게는 '로또'지만 경직된 노동시장에서 계약직 근처도 못 가 보고 알바로 살아갈 청년들이 불쌍하게 다가온다.

시민의 세금이 산하기관, 수탁기관 직원 정규직화에 쏠리는 것에 반대한다. 부천은 재정악화로 문화, 복지, 교육에 쓸 가용재원이 풍부하지 않다고 한다. 부천시는 가능한 재원을 아껴야 한다. 노동전문가는 아니지만 고용에는 유연성이 있어야 한다고 본다. 최상의 복지는 일자리다.

정치권에서 복지논쟁이 가속화되고 있지만 재정으로 복지를 감당하기에는 한계가 있다. 복지병에 걸리면 헤어나지 못한다. 기계가 돌아가고 회사가 있어야 고용이 있다. 성장을 위해 기업인의 애로도 경청해야 한다. 또한 정규직과 비정규직 간에 빈부격차가 극명한 것도 사실이지만 비정규직이라도 좋으니 취직하고 싶은 사람이 더 많다는 것을 간과해서는 안 된다.

산하기관, 수탁기관 직원 정규직화에 막대한 세금이 들어간다는 것을 부천시민이 안다면 비정규직의 정규직화 조례를 반대하지 않을까? 정치적 보은을 세금으로 하면 안 된다. 힘센 단체, 권력집단, 귀족노조에게 내 세금 줄 수 없다. 감정적이 아니라 이성적 판단을 기대한다.

▍공무원, 의원이름 외우고, 헬멧 쓰고, 바쁘다 바빠.

공무원 못해 먹겠다!

　　구제역과 물가대란, 전세대란으로 '춘래불사춘' 봄이 오는데 봄 같지가 않다. 부천시는 '뉴타운 민란'까지 겹쳐 소란스럽고 혼란스럽기 그지없다. 정치인들은 주민간의 갈등해소를 위해 나서야 하는데 눈치만 보고 있다. 진보이건, 보수이건 소신과 철학에 따라 그들의 목소리를 대변해야 하는데 말 잘하던 정치인들이 입을 꼭 다물고 있다.

　　국회의원은 하루가 다르게 치솟는 물가에 고통받고, 생활고에 시달려 목숨을 끊는 일이 있어도 남 일같이 생각하는 모양이다. 권력과 돈을 가진 국회의원은 물가대란, 전세대란 해결에 앞장서기보다는 권력 싸움만 하고 있다. 금배지 단 현역시절 뭘 했는지 모르지만 국회의원 그만두면 품위 유지하라고 한 달에 130만 원의 연금도 나오니 神의 직업이라고 다들 부러워한다. 죽을 듯이 아등바등 사는 서민들과 동떨어진 생활을 하는 국회의원은 딴 나라 사람 같다.

　　국회의원은 보좌관, 비서관, 비서, 인턴 9명에다 공천권을 가지고 길들인 시·도의원이 수발드니 이만 한 직업도 없다. 시·도의원이 대들면 정치생명 끊으면 되고, 보좌관이야 파리 목숨이라서 납작 엎드려

127

야 하니 확실한 수족이다. 성골 보좌관쯤 되면 국회의원이 조금 갑갑할 수도 있다. 모든 비밀을 아니 이러지도 저러지도 못하니 말이다.

19대 총선이 다가오자 벌써 시·도의원에게는 비상이 걸렸다. 충성을 해야 다음 공천이 보장 되니 눈치 보면서 이리저리 뛰어다닌다. 보좌관 출신 시의원은 아직도 보좌관인 줄 착각하고 당원협의회 조직 구성에 깊이 간여하고 전화도 직접 한다고 한다. "국회의원 특보를 해 달라"는 전화 받은 당원은 속으로 한 마디씩 했다고 한다. "시민 혈세로 월급 받으면서 국회의원 꼬붕 노릇이나 하고 있다"고.

그러려면 계속 보좌관이나 하지 남의 뒤통수 까면서 시의원 왜 하는지 모르겠다고 당원들은 직격탄을 날리고 있다. 국회의원이 공천권을 쥐고 있는 한 시·도의원은 머슴 중에 머슴이다. 당원 동원하라면 해야 하고, 국회의원이 후원금 때문에 스트레스 받는다고 운을 떼면 후원금 팍팍 내라는 소리로 들려 울며 겨자 먹기 식으로 후원금 낼 사람을 섭외하든지 직접 내든지 해야 한다.

국회의원은 월급을 자기가 주는 것도 아니면서 시·도의원을 머슴 같이 부린다. 삐딱하면 "시·도의원 할 사람 많습니다." 한 마디 뚝 던진다. 머슴들은 오금이 저려 온다. 경선이 다가오면 힘 꽤나 쓰는 핵심 당원은 어느 후보는 설날에 굴비세트를 주던데 당신은 뭐 없냐는 소리를 태연하게 한다. 그럼 최소한 종합선물세트라도 들고 가야 한다.

경선 막바지에는 대놓고 누굴 설득하려고 하는데 돈이 필요하다고 말을 한다. 다른 후보자에게 가서는 거기서는 20만 원을 주던데 더 주면 당신을 밀어주겠다며 큰 돈을 요구한다. 보좌관하고 짜고 공천 작전을 펼친 국회의원은 법 못지않게 윤리적이고 인간적인 염치가 있어야 하는데 양심과 염치를 과감히 내팽개쳤다. 그러면서 머슴 중에 상머슴, 공정한 사회를 말한다.

정도의 차이는 있지만 시·도의원 돈도 많이 썼고 마음고생도 많이 했다. 그래서 그런지 배지를 달고 나서 시·도의원은 본전 생각이 나는 모양이다. 쓴 만큼 충당해야 하니 머리를 굴린다고 한다. 떡고물이 떨어질 곳을 찾아 배고픈 하이에나처럼 밤마다 누빈다고 한다. 이때쯤 되면 선거 때 신세진 사람들 하나둘 얼굴이 떠올라 무슨 수를 써서라도 챙기려고 한다.

권력을 이용해 공무원에게 부탁하기도 한다. 부당거래로 승진에 도움 준 의원, 실세 의원에게는 알아서 바치거나 충성하는 공무원도 있겠다. 왕따, 소외감 느끼는 의원은 자격지심으로 성남 시의원처럼 스트레스를 공무원에게 풀 수도 있겠다.

공무원은 을(乙)이고 시의원은 '수퍼 갑(甲)'이라는 것은 무개념의 멍멍이도 아는 사실이다. 성남시에서 일어난 것처럼 봉변을 당하지 않으려면 29명 시의원 이름 머리에 저장해야 하고 어디서든 부르면 뛰어갈 준비를 해야 한다. 공무원은 동네북이다. 시의원 눈 밖에 나면 피곤하고 언제, 어디서 화풀이 대상이 될 줄 모른다. 국회의원, 당원에 당한 화풀이를 공무원에게 한다고 볼 수 있다.

자신의 이름을 몰랐다는 이유로 주민센터 공공근로 여직원에게 행패를 부린 시의원에 이어, 술에 취해 당직 공무원을 폭행한 군의원이 있었다고 한다. 전화를 예의 없게 받는다며 당직실에 달려가 두꺼운 세입세출 예산 책자로 이 공무원의 뒤통수를 내리쳤다고 한다.

공무원은 이젠 헬멧을 구입해야겠다. 뒤통수 신경 쓴다고 일을 제대로 할 수 있을는지 모르겠다. 시의원이 근무상태 불량이라고 말을 할 수 없겠다. 헬멧 쓰고 일하는 공무원 상상을 해 봐라. 비약적인 발상으로 웃음이 나올 수 있지만 시의원 폭행에 대비해야 하는 공무원에게는 절박할 수도 있다.

성 접대, 뇌물수수, 성희롱 등으로 공무원들은 시민들의 따가운 시선과 눈총에 얼굴 들고 다니기 힘들다고 한다. 뉴타운 사업 반대하는 주민들 강제연행에 기습투입된 공무원은 주민들의 알몸시위로 얼굴을 못 들었다. 이래저래 얼굴 못 들 일만 생겼다.

부패방지를 위해 '청렴 서약서' 제출을 의무화하여 공직자 스스로 자성과 반성하는 계기로 삼을 계획이라고 한다. 또한 부패 공직자에 대한 블랙리스트를 작성·관리하고 직무관련 공금횡령, 유용 및 금품향응, 뇌물수뢰 알선 공무원에게 '원 스트라이크 아웃제'를 도입한다고 한다.

공무원 못해 먹겠다는 소리가 절로 나오겠다. 그러나 공복으로 충실한 공무원은 문제될 것은 없다.

부천시 공무원은 굴욕·수난시대다. 진보·개혁적인 김만수 시장이 지방권력 잡고 난 후 하루라도 조용할 날이 없다. 글 쓰는 난장은 소재가 다양해서 좋지만 시민들은 부천시가 어떻게 될지 불안하다고 한다. 그렇다고 개혁 추진을 하면서 나오는 파열음도 아니다. 마누라가 바람을 피워도 한때 노무현 대통령 탓이라고 한 적이 있었다. 요즘에는 변비에 걸려도, 밥맛이 없어도, 축구시합에서 일본에 져도 MB 탓이라고 한다.

부천시민은 부천시가 혼란스럽고 시끄러운 것이 김만수 탓이라고 할 수도 있겠다. 답답한 심정을 토로하는 것이지 결코 모든 것이 김만수 시장 탓은 아닐 것이다. 그러나 김만수 시장은 스스로 책임 없다고는 하지 못할 것 같다. 부천시민은 '뉴타운 민란' 소용돌이에 하루빨리 벗어나기를 바라고 있다. 잘 됐으면 좋겠다.

공무원이 기(氣)가 죽은 모습 좋지는 않다. 강호동 무릎팍 도사가 기(氣)를 팍팍 불어넣어 줬으면 좋겠다.

▌살벌한 뉴타운 사업, 활화산!

국회의원 뉴타운 사업 공약인데, 해법은?

'대통령 하야 운동도 불사하겠다'는 말이 들린다. 정치 · 사회에 관심 있는 분들은 '하야'하라는 이유를 알 것이다. 이회창 총재가 소신 있는 발언을 했다가 '정계 은퇴'하라는 협박까지 받고 있다고 한다. 뉴타운 사업에 대한 총선 출마자의 입장을 듣고 반대냐, 찬성이냐에 따라 낙선운동도 전개할 수 있다는 섬뜩한 말도 들린다.

헌법 제21조에서 표현의 자유를 보장하고 있지만 성역이 있다. 언론매체이건 개인 블로그이건 스스로 검열(censorship)을 하여 '여기까지', '이건 안 돼.' 하면서 소심해 건드리지도 못하는 성역에는 '종교단체', '살아 있는 권력'이 포함된다.

세상이 좋아서 그렇지 난장이 살아 있는 권력 '국회의원'을 어떻게 비판할 수 있나? 난장 글이 권력자를 신랄하게 비판해서 독자들은 속이 시원하다고 한다. 표현의 자유는 있었지만 그동안 밥줄 생각, 연줄 생각 얽히고설킨 이해관계에 얽매여 신문은 냉철한 비판기능이 마비된 적도 있다. 고백컨대, 난장 역시 협박에 손이 오그라들고 권력 앞에 심장이 쪼그라든다.

국회의원 스스로 국회에서 난장판을 치니 난장이 글로써 비판을 한다고 어찌할 수도 없을 것이다. 사회지도층의 '노블레스 오블리주'를 바라지도 않는다. 권력과 돈이 있으니 못된 짓은 그들이 다 한다. 권력을 앞세워 몹쓸 짓을 하고, 돈으로 사회를 혼탁케 하는 것이 사회지도층이다. 물론 사회지도층이 손가락질 받을 일만 하는 것은 아니다. 공정한 사회, 원칙 있는 사회를 위해 몸소 실천하는 분도 있다.

부천 뉴타운 사업이 정치인에게는 뜨거운 감자이자 성역(聖域)이 되었다. 정치인들은 누구 편을 들 수 없어 중립 입장을 표명하고 여론의 향방을 주시하고 있다. 김만수 시장은 팔짱행정을 지양하고 원주민 부담을 최소화하는 책임지원 행정을 확립하고 재정착이 가능한 뉴타운 사업을 하겠다고 했다.

최근 김만수 시장은 뉴타운 사업의 미비점을 보완하고 개선방안을 마련하기 위해 뉴타운 사업성 향상 및 주민 재정착, 법률 개정, 사업의 투명성 확보 방안 등을 마련하고 올해 도시재정비촉진계획 변경 시 반영할 계획이라고 밝히기도 했다.

4월까지 공공건축물 및 문화·복지시설 설치비에 4,040억 원을 지원하고 이로 인해 원미·소사·오정 3개 지구 평균 부담액이 m²당 19만 2,000원에서 13만 2,000원으로 6만 원 감소하게 된다고 알려져 있다. 여러 가지 정황을 보면 뉴타운 사업은 추진될 수밖에 없을 것 같다.

처녀의 젖가슴이 아니라도 어머니들이 젖통을 내놓고 알몸 시위하는 사진을 보았을 때 얼마나 절박했으면, 오죽했으면 하는 측은지심을 느끼지 않을 수 없었다. 105살 어르신은 "폐지를 주워 집을 샀는데 집을 내놓을 수 없다."는 말을 했다.

지금의 부천 뉴타운 사업은 땅주인과 건설업자들만 살찌우고, 개발의 그늘에서 영세가옥주와 세입자들은 피눈물을 흘리고 있다는 것을 호소하고자 하는 마음은 십분 이해하지만 네 편 내 편을 떠나 부천시민은 살벌한 싸움에 걱정을 하고 있다.

뉴타운 찬성, 반대를 떠나 옷과 음식과 집은 인간 생활의 기본 요소인데 쉴 공간 집을 지키겠다는 그들의 목소리에 가슴이 저려 온다. 생존권 보장을 부르짖는 그들의 몸부림에 정치인이나 부천시장은 이러지도 저러지도 못하고 있다.

부천 뉴타운 사업은 오랫동안 정치인의 공약사항이었다. 국회의원, 시장, 시·도의원 조금의 차이는 있었지만 뉴타운 사업 추진을 약속했다. 여론은 뉴타운사업을 하자는 쪽이었다. 한때 뉴타운 사업하면 재산이 늘고, 살림살이가 나아지는 줄 알고 다들 좋아했지만 지금은 그렇지 않다는 것을 알게 되었다. 원주민들은 뉴타운 사업이 부메랑으로 자신들의 뒤통수를 치리라는 것은 꿈에도 생각하지 못했다.

부천 원미갑 국회의원 2005. 10. 26. 재선거에서 당선된 한나라당 임해규 의원은 당선 인터뷰에서 "원미구 구시가지는 주거환경이 낙후되었고, 교육, 교통, 복지, 환경, 공원 등 도시기반시설이 부족하다. 이런 복합적인 문제를 해결하기 위해 뉴타운으로 재개발하려고 한다."고 말했고, "군데군데 지정하여 부분적으로 추진할게 아니라, 원미구 구시가지 전역을 뉴타운으로 지정하여 단계적으로 재개발을 추진하겠다는 입장이다."라고 밝혔었다.

18대 총선에서 당선된 후 오정구 원혜영 의원은 당선자 인터뷰에서 "내세운 공약 중 최우선적으로 실천할 공약"은 뭐냐는 질문에 원혜영 의원은 "도시정비법을 개정해서 부천지역의 뉴타운 사업을 신속하고 원활하게 추진할 수 있도록 하겠다."고 말했다.

소사구 차명진 의원은 18대 총선을 앞두고 뉴타운 개발을 통해 '천지개벽'을 이뤄 내겠다고 피력했다. 이곳의 뉴타운은 경기도와 국토해양부가 함께 추진하는 시범지역으로 부천 소사 면적 가운데 무려 60%를 차지한다. 차 의원은 송내와 심곡지구까지 뉴타운을 확대되도록 할 계획이라고 밝혔다.

18대 총선 당시 차명진 후보와 맞짱을 뜬 김만수 후보 역시 거주민의 재산권을 보장하는 민영개발 방식의 뉴타운 추진을 약속했다. 기억을 되새겨 보면 여야를 막론하고 뉴타운 사업으로 지역 주민에게 돈다발을 안기겠다고 공약남발을 한 것이 사실이다.

주민 갈등이 심각해 터지기 전 활화산을 보는 듯하다. 뉴타운 사업 찬성과 반대 주민의 갈등을 해소하기 위해서는 여야, 이념을 떠나 정치인들이 나서서 풀어야 한다. 당선되기 위해 공약을 했으면 답도 내놓아야 한다.

이른 아침 5시 30분쯤 경찰병력 3개 중대와 공무원 150여 명이 기습 투입돼 시청 5층에서 뉴타운 사업 반대를 주장하며 농성을 한 주민을 강제해산하고 주동자는 연행을 했다고 한다. 부상자 없이 강제해산이 이뤄졌다니 그나마 천만다행이다. 이런 일이 다시는 재연되지 않았으면 한다.

부천시는 이미 뉴타운 건설 공사가 진행 중으로 주민 갈등이 심각해 민란(民亂)으로 번질 수도 있다. 국회의원이 총선을 앞두고 여론 향배를 주시하고 계산적인 행동을 보여 준다면 실망을 넘어 분노가 치밀 것이다. 국회의원들은 19대 총선을 염두에 두는 두루뭉술한 답변보다는 명확한 뉴타운 사업 해법을 내놓아야 한다. 정치적 소신·철학을 알고 싶다.

▌공무원의 섹스, 뇌물, 거짓말, 비디오테이프

공무원의 원초적 본능은 무죄(?)

정치인들은 호되게 야단맞아도 되지만 맘고생하는 공무원은 적당히 부드럽게 써 달라고 읍소(?)하는 분이 있었다. 동생 같은 시의원의 호통, 승진을 위한 줄서기, 갑갑한 계급사회에 벗어나고파 당장 때려치우고 싶은 적이 한두 번이 아니라는 분도 있었다. 아울러 지역신문사의 견제와 감시, 기자의 닦달에 숨이 콱 막힌다고도 했다.

성남시 '내 이름 몰라'로 시작한 시의원의 난동은 공무원을 장기판 졸로 보는 시의원의 시각을 보여 준 단면이다. 시의원은 '수퍼 갑(甲)'이고 공무원은 을(乙)이다. 시민의 대표라는 미명 아래 군림하는 시의원에 스트레스 받는 공무원도 있고 부당거래로 서로 이용해 재미 보는 공무원도 있다. 자기들은 공생이라고 하지만 명확한 부당거래다.

'甲乙관계'는 피곤하다. 공무원 을(乙)은 '수퍼 갑(甲)' 시의원 뒷담화로 술자리에서 스트레스 해소를 한다고 한다. 무식한 놈이 어쩌다가 시의원이 돼서 아는 것도 없이 소리만 지른다고, 이권 개입한다고 만날 접대받는 놈이 무슨 시민의 대표라고, 이 정도는 양호한 수준이다. 홀딱 벗겨 술자리 안주로 자근자근 씹는 것은 직장인에게는 보편적인 일이다.

'甲乙관계'임에도 교묘하게, 능수능란하게 시의원을 다루는 공무원도 있다. 눈치 빠르고, 계산 빠른 공무원은 승진을 위해 실세에게 줄을 대고 '충성 맹세'를 한다고 한다. 승진을 위해 스스로 '영혼 없는 공무원'이라고 입증이라도 하듯이 지문이 닳도록 손바닥을 비빈다.

시의원, 정치권에 줄 댄 간부공무원들은 공무원이라기보다는 정치인에 가까운 행보를 한다. 4급 12명, 5급 105명을 간부 공무원이라고 한다. 5급에서 4급 되려면 행정력은 말할 것 없고 정치적 감각이 탁월해야 한다. 세상은 요지경하면서 요지경 속으로 빠진다.

6·2 지방선거 때 간부공무원들은 촉각을 곤두세웠다. 만수냐, 건표냐에 따라 요직이나 승진이 걸려 있었기에 물밑 작업을 하였다. 공무원 선거 중립은 헛구호였다. 야망이 있는 공무원은 과감하게 베팅을 했다. 베팅 잘한 51년생 공무원은 한 자리를 꿰차고 있지 않은가. 인사적체에 후배들이 아우성을 치더라고 아랑곳하지 않고 꿋꿋하게 견뎌 내고 있다.

승진, 인사 시스템은 있으나 마나다. 지방권력이 바뀌면 알게 모르게 도와줬던 공무원, 고분고분 말 잘 듣는 공무원을 요직에 앉힌다. 희한하게 성분파악을 귀신같이 한다. 6급 407명 공무원 중에 5급 105명에 들어가려면 정치적 활동을 안 할 수 없다. 4급, 5급, 6급 공무원은 어쩔 수 없이 정치바람에 휩싸이게 된다.

막강한 시청권력의 언저리에 있다고 해도, 공무원 같은 직업이 어디 있냐고 해도 공무원은 피곤해한다. 동네북이라고 할까? 걸핏하면 녹봉 받는 사람이 시민을 섬길 줄 모른다고 공격을 받는다. 공무원은 함부로 일탈을 할 수도 없다. 싱가포르 공무원처럼 대우를 받고 싶을 것이다.

공무원 생활이 정말 힘들었던 모양이다. 하기야 지방권력이 바뀌자 '줄서기'에 운명이 갈려졌을 것이다. 한직에 밀려난 공무원들은 술을 찾게 되고, 승진을 포기한 공무원들은 말초적 본능으로 일탈을 하게 된다.

업체로부터 금품을 수수하고, 성 접대를 받은 공무원이 있었고, 김만수 시장의 총애를 받은 공무원은 기분이 좋아서 그랬는지, 누구에게 접대를 받다가 그랬는지 음주운전에 걸렸다. 심곡 2동 동장은 허위 출장명령서를 내고 수십만 원의 판돈이 오고 간 도박을 벌였다고 한다. 그렇게 공무원 생활이 힘든가.

회식자리에서 시의원을 상대로 성희롱 발언을 한 동장도 있다. 상대가 누구든 성희롱은 해서는 안 되지만 하필 시의원에게 할 게 뭐람. 과음을 해도 세상 바뀐 것을 잊으면 안 되는데. 단순한 일탈이 아니라 범죄를 저질렀다.

사실 동장들은 힘들어한다. 시의원, 주민자치위원회 위원, 자생단체의 협조와 간섭(?)으로 동네 살림을 한다는 게 쉽지 않다. 도박을 한 동장, 성희롱을 한 동장 '동장의 관행(?)'이라고 하면 안 되겠지만 그동안 친목을 위해 거리낌 없이 동네에서 동장이 고스톱을 쳤고, 술자리에서 분위기를 띄울 목적으로 야한 농담을 주고받았다. 그게 도박인 줄도 모르고, 그게 성희롱인 줄도 모르고 동장 업무의 연속이라고 착각했다.

세상이 바뀌었다. 상습적이든 친목을 위하든, 동장이 동네에서 고스톱 치면 안 되고, 또한 동네 주민들과 뒤풀이 가서 야한 농담 조심해야 하고, 노래방에서 술기운으로 함부로 껴안으면 안 된다. 이런 행동은 용서받지 못할 세상에 살고 있다. 관행이나 이 정도는 아무것도 아니라는 생각에 직장 잃고 개망신 당하기 딱 좋다

시의원이나 공무원은 뇌물, 성 접대, 성희롱 조심해야겠다. 남성전용 업소 들락거리다가 비디오에 포착됐음에도 아니라고 잡아뗀 시의원과 공무원이 있다. 한 번으로 족하다. 유난히 눈이 많이 내린 이번 겨울, 눈 치운다고 고생한 동장, 공무원들이 많았음에도 불구하고 뇌물, 성 접대, 성희롱으로 시민들은 따가운 눈총을 보내고 있다.

간부 공무원 워크숍에서 역점시책 공유와 관리 능력 강화도 중요하지만 시민들에게 손가락질 받지 않도록 인성교육을 강화했으면 한다. '영혼 없는 공무원'이라는 소리 안 듣도록 소신 있게 일하고 부당거래를 위해 정치인에게 머리 조아리지 않았으면 한다.

▌시장, 의장은 황제식사, 학생은 2,300원 식사

PiFan 낭비성 예산삭감, 무상 우유 실시

　김만수 시장은 사회지도층을 만날 때 한 끼 식사비로 얼마를 지불할까? 1년에 3억을 쓰는 업무추진비 공개내역을 보면 고생한 정치적 동지들에게 후한 식사를 대접하는 것 같다. 한 예로 12월 달 '국회의원 보좌관 간담회' 명목으로 7번 식사를 하고 1백60만 원 정도를 지불했다. 중요한 것은 국회의원 보좌관이 그렇게 먹성이 좋지 않다는 것이다.

　원종태 의원의 행정사무감사 지적에 따르면, 김관수 시의장이 매월 330만 원의 업무추진비를 쓰고 경찰서 간부 간담회, 수해지역 출입기자 간담회 기타 등, 700여 만 원을 공통경비로 썼다고 한다. 김만수 시장이나, 김관수 시의장은 황제식사를 제대로 하는 것 같다. 앞으로 차명진 의원에게 덧칠된 '황제식사' 딱지를 김만수, 김관수 두 분에게 붙이고 싶다.

　부천시는 새 학기 첫날인 2일부터 관내 초등학교 1학년부터 6학년까지 모든 학생에게 무상급식을 전면 확대 실시하고 있다. 무상급식 확대 실시로 관내 전체 62개교 5만 3천9백여 모든 초등학생들이 혜택을 받게 되었다. 소요될 예산은 약 204억 원으로 부천시와 경기도 교육청이 각각 50%씩 부담한다고 한다.

김만수 시장은 무상급식 실시로 정치인으로서 공약을 지켜 신뢰를 받고 덤으로 인기도 상승하여 뿌듯할 것이다. 아울러 김만수 시장은 초등학생 무상급식에 만족하지 않고 2014년까지 무상급식을 의무교육기간인 중학교까지 확대하고 아이들의 건강과 안전을 위하여 밥상에 친환경 식재료를 올려놓겠다고 한다.

무상급식 호응이 좋고, 국민들이 원하고 현 시장이 밀어붙이니 무상급식을 막을 단계는 지났다. 마치 4대강 사업을 MB가 밀어붙이는 것과 하등 다를 게 없다. 학생들이 무상급식으로 행복한 밥상을 받는다는데 어느 부모가 반대하겠는가. 당장 내 호주머니에서 돈도 안 나가 마치 공짜 같은 복지인데 말이다.

'눈칫밥'을 안 먹어서 좋은데 반찬이 형편없다고 한다. 학생들이 "고기반찬 없어요?"라고 투덜거린다고 한다. 고물가·구제역·물가 상승에 값비싼 친환경 식자재 3중고에 주어진 예산으로 학생들이 원하는 식단을 짤 수 없다고 한다.

전면 무상급식이 아닐 때는 식료품 값이 오르면 학교별로 학부모가 참여하는 운영위원회에서 급식비를 조절했다고 한다. 그런 방식으로 학부모들이 한 달 5,000원씩만 내도 아이들 식재료 값을 끼니당 200원 이상씩 올릴 수 있었다.

그러나 올해부터는 무상급식을 한다면서 학부모에게서 급식비를 걷지 못하게 하고 있다. '무상'에 목숨을 건 진보 정치인들은 '무상'이라는 이름이 다치게 될까 염려해 학부모들의 자발적인 지원을 차단할 수밖에 없을 것이다.

무상 포퓰리즘에 갇힌 정치인 때문에 아이들만 맛없고 영양가 없는 식사를 하고 있다. 반면에 무상급식 공약으로 당선된 시장, 시의장은 품격이 있는 레스토랑에서 쇠고기 스테이크를 우아하게 칼질하지 않을까. 비싼 음식을 앞에 두고 사회지도층과 교류를 하면서 권력을 만끽하고 있다.

서강진(행정복지위원회 위원장) 의원은 제169회 부천시의회 임시회에서 "부천시가 시행하고 있는 관내 초등학교 전 학년 대상 무상급식의 근본취지가 저소득층 자녀와 부유층 자녀 간의 차별화를 없애고 고른 영양섭취를 목적으로 실시하고 있는 것이지만 우유는 제외돼 차별화가 재현되고 있다."며 개선을 촉구했다.

서 의원은 "현재 우유는 선별적 선택을 통해 저소득층 기초생활수급자 자녀는 무상으로 공급하고 부유층 자녀들은 일정 금액을 부담시키고 있어 아이들에게 노출돼 자존심 문제로 재현되고 있어 무상급식 근본취지를 어긋나게 하고 있다."면서 "우유까지 전면무상으로 지원하든지 단체급식에서 제외시키든지 결정이 필요하다."고 주장했다.

친환경 무상급식을 추진했던 주요 논리는 차상위 계층 학생들의 낙인효과를 없애고 서민 복지 및 삶의 질을 개선하겠다는 데 있었다. 가난한 아이들만 무상급식 대상이 될 경우, 급식을 받는 아이들이 주눅 들거나, 놀림을 받을 경우 상처를 받는다는 것이었다.

우유를 무상으로 받는 차상위 계층 학생들은 우유 때문에 저소득층 기초생활수급자 자녀라는 것이 공개될까 봐 당당하게 우유를 마시겠는가. 무상급식으로 낙인효과를 없앤다고 하더니 우유로 학생들 마음에 상처를 더 주는 꼴이 되었다.

우유값이 340원이라고 한다. 김만수 시장, 김관수 시의장 업무추진비 아끼고 세금을 알뜰하게 쓴다면 62개교 5만 3천9백여 모든 초등학생들에게 무상으로 우유를 공급할 수 있지 않을까?

김만수 시장은 부천무형문화엑스포를 낭비성 축제라고 단정하고 예산을 삭감해 무상급식 예산으로 쓴 것으로 알고 있다. 부천국제판타스틱영화제 예산안을 보니 2010년도에 비해 7억이 증가했다.

부천시민과 함께 한다는 명분으로 PiFan 행사에 세금을 퍼부을 모양이다. 행사진행비 4억, 홍보선전비 5억, 게스트초청비 2억, 출장, 접대비 등 화려한 파티를 준비하고 있다. 낭비성 축제 예산 삭감하여 우유값 하면 안 될까?

초대 민선 시장 출신이 후원회 회장을 맡아 얼마나 효율적으로 후원금을 받아 낼지 모르겠지만 세상에 공짜가 없다고 하지 않는가. 건설업자, 은행이 그냥 후원금을 내지는 않을 것이다. 영화제 문제는 다음에 다루고자 한다. 차라리 후원처들이 영화제보다는 학생들 무상우유에 협찬 후원했으면 한다.

필자가 사는 구시가지에서는 무상급식에 대한 관심 못지않게 '방과 후 수업'을 듣고자 하는데 편성되는 학생 수가 학년당 20명도 채안 돼 '방과 후 수업'에 관심이 높고 개선을 요구하는 목소리가 크다. 맞벌이 부부가 제일 걱정하는 것은 학생의 안전이다. 3학년까지 '방과 후 수업'에 참여할 수 있도록 민원을 제기하는 학부모가 많다고 한다.

무상급식뿐만 아니라 서민층을 위해 정치인들이 학교에서 할 일이 많다. 다만 재원이 문제일 뿐이다. 무상급식으로 생색 제대로 냈으니 학부모들이, 학생들이 뭘 원하는지 귀담아 듣기를 바란다. 김은화 시의원이 학교교육·운영에 관심이 많다고 들었다. 구시가지 지역에서 선출된 의원이기에 저소득층 맞벌이 부부의 애환을 누구보다 잘 알 것으로 안다.

유권자는 정치인의 복지 공약이 국가 미래에 해가 된다는 걸 꿰뚫고 있으면서도 복지 정책을 내건 정치인에게 표를 찍어 줬다. 복지에 중독성이 있어서다. 김만수 시장은 학생들 우유값 챙겨 줄 것으로 믿는다. 이왕 하는 거 확실히 하는 것이 좋지 않나.

정치인들이 국가 미래를 염두에 두고 행동해야 하는데 정치인들은 한 술 더 뜨는 경향이 있어 미래가 걱정이 된다. 복지 포퓰리즘으로 당선만 되면 국가 미래는 중요하지 않은 모양이다.

상하이 스캔들, 장자연 성상납, 김문수 쪼개기 후원금, 왜 지금?

국민들 정치적 감각을 무시하면 큰 코 다친다.

한때 정치적 관심을 분산하려는 목적으로 3S(sports, sex, screen) 정책이라는 것이 있었다. 정책 특혜(?)를 받아 야구를 보는 재미에, 야한 비디오를 보는 재미에 빠져 청소년기를 어떻게 보냈는지 모를 정도였다. <애마부인>, <무릎과 무릎사이>, <어우동>, <뽕> 같은 청소년 관람 불가 영화를 어떻게든 본 청소년이 한둘이었겠는가. 하지 말하는 짓은 더 한 사춘기의 추억이라고 할 수 있다.

12·12 군사 쿠데타에 성공한 전두환 군부정권의 3S 정책 때문에 포스트 386세대들은 사춘기 시절 야한 영화를 자연스럽게 볼 수 있어 성적으로 성숙했다. 고마워해야 하나. 최근 3S 정책이 부활한 느낌을 받는다. 탤런트 장자연 씨의 성상납 사건, 상하이 덩 여인 사건이 언론매체를 장식하고 있다. 바보가 아닌 국민들은 뭔가 있다는 생각을 할 수밖에 없다.

'난장 IN' 칼럼을 쓰면서 독자의 관심도인 클릭 수를 보면 내용에 상관없이 자극적이고, 공격적인 헤드라인에 독자들이 관심을 더 보였다. '원미갑 스캔들', '그놈의 아랫도리가 문제야' 헤드라인에 본능적으로, 기계적으로 손가락이 클릭하지 않았을까. 성적 호기심에.

정치적 관심을 분산하려고 하는 작전이 들어간 것 같다. 유력 언론들이 앞장서서 섹스 스캔들을 과대 보도하고 있다. 결코 우연이 아니다. 여러 가지 섹스 스캔들을 여론화하고 국민여론을 호도하면서 반사이익을 얻고자 하는 권력집단이 있는 것 같다.

상하이에 주재했던 한국 외교관들의 스캔들은 영화보다 더 흥미진진하다. 현빈, 송혜교 결별 이야기는 가십거리에 끼지도 못한다. S대 출신에다 엘리트 코스만 밟은 그들이 한 여자의 늪에 빠진 이유가 뭘까? 사회적 지위, 명예, 가족을 한순간에 내팽개치면서.

'상하이 스캔들'을 보면 지위고하, 학벌, 출신을 막론하고 여자가 작정을 하고 덤벼들면 어쩔 수 없는 모양이다. 유권자들의 눈이 무서운데도 국회의원의 스캔들이 터지는 것을 보면 여자 앞에서는 모든 남자가 똑같다고 볼 수밖에 없다.

장지연 성상납 사건은 한 여자를 성적인 노리개로 삼고 사회지도층이 시쳇말로 너무 껄떡거렸다. 감독, PD, 일간지 신문사 대표, 기업체 사장, 금융업체 간부들, ○○업체 언론사 대표 등 100명을 접대했다니 직종은 다양했을 것이다. 권력과 돈을 가진 사람은 여자를 찾게 된다는 섭리를 보여 줬다. 배부르고 등 따스하면 아랫도리에 신경을 쓰고 투자를 하는 모양이다.

부천시에도 성적인 스캔들이 있었다. 권력에 도취돼 공무원을 끌어당기며 남성전용업소에 들락거린 강모 시의원은 카메라에 포착된 적이 있었다. 노동자를 대변한다고 비정규직 노동자를 위한 조례 발의를 하고 있다. 밤에는 카사노바이고 낮에는 노동자 대변자인가. 이중적인 생활을 이해하려고 해도 도저히 이해가 가지 않는다.

공동발의한 시의원 중에 여성의원은 동료의원의 부도덕한 짓에 입도 뻥긋 안 하고 시의원들이 장기판의 졸(卒)로 생각하는 공무원만 손봤다. 강모 의원에게 감정 없지만 상식으로 납득이 가지 않아 언급할 수밖에 없다. 크게 다를 바가 없는데도 공개 사과도 없이 어물쩍 넘어가는 동료의원에게는 관용을, 성희롱을 한 공무원에게는 공직 생활에 오점을 남겨 인생을 나락으로 떨어뜨린 것을 보면 부아가 치민다.

섹스 스캔들을 여론화시켜 국민감정을 무디게 하는 과정에서 불쑥 김문수 경기도지사의 계좌에 억대의 '쪼개기 후원금'이 입금된 사건이 튀어나왔다. 권력과 정보를 가진 집단이 권력구도 변화와 판 흔들기를 꾀하는 것은 아닌지 의구심이 든다. 친이계의 분화가 시작되었다고 볼 수 있다. 섹스 스캔들 정국 속에 끼워 넣기 작전인가. 더 이상 말을 하면 큰 코 다칠까 봐 말을 못하겠다.

19대 총선과 대선을 위해 권력자들이 작업을 하는 것 같다. 정치적 계산에 의한 섹스 스캔들로 관심을 돌리려고 해도 이젠 꼼수에 넘어가지 않는다. 민주화 과정을 거친 국민들은 정치판을 보는 눈이 예전과 다르다. 정치인들은 자기들만 똑똑하다고 착각에 빠져 사는 것 같다.

김문수 경기도지사는 '쪼개기 후원금' 의혹과 관련해 "개인적인 양심과 공무원 윤리규정 및 법률에 위배되는 어떤 잘못도 없다."고 밝혔고 또한 "후원금 문제로 걱정을 끼쳐 죄송하다."며 이같이 말한 뒤 "만약 어떤 문제라도 있다면 반드시 처벌받을 것"이라고 말했다.

김 지사는 "모든 게 사필귀정(事必歸正)이다. 지금까지 청렴영생 부패즉사의 신조로 살아왔고 도는 물론 산하기관도 그런 원칙을 철저히 지키도록 강조해 왔다."며 "모든 사실이 정확하게 빠른 시간 내에 밝혀질 것을 바란다."고 했다.

여론의 향방이 어떨지, 언론이 어떻게 다룰지 모르지만 김문수 도지사에게는 흠집이 났다고 볼 수 있다. 김문수 도지사와 일심동체인 차명진 의원은 초조할 수 있겠다. 이래저래 정치인들은 살얼음판을 걷고 있다. 총선과 대선이 가까이 올수록 정치인의 몸값은 요동칠 것이고 권력자들은 어떻게 하면 무지렁이 국민들 모르게 꼼수를 부릴까 머리 싸매고 있다.

상하이 스캔들, 장자연 성상납 사건처럼 자극적인 '관심 돌리기용 이슈'에 빠지지 말자. 말초적인 가십거리에 관심을 두면 작전 짠 권력 집단에 놀아나는 꼴이 된다. 빠질수록 국민을 우습게 안다. 터진 이슈를 보면 절묘한 타이밍이 의아할 뿐이다.

국회의원 복지는 천당 수준, 서민 복지는 지옥 수준

국회의원 자녀, 특권의 세습, 학력의 세습

부자가 천당에 들어가는 것은 낙타가 바늘구멍에 들어가는 것보다 어렵다고 한다. 부자 못지않게 정치인, 기자, 글쟁이도 천당 가기 힘들다. 부자가 되고, 정치인으로서 성공을 한 자는 남을 배려하기보다는 짓밟는 경우가 허다하다. 기자들도 이슈를 찾아 삐딱하게 접근하고, 비판 글을 쓰는 칼럼리스트도 흠결을 먹잇감 사냥하듯이 물어뜯는다.

거창하게 공정한 사회, 정의 사회를 부르짖는 것이 아니라 권력 남용하는 정치인과 공인으로서 해서는 안 되는 파렴치한 행동에 비판 글을 쓴다. 이유야 어쨌든 천당 가기 글렀다고 생각한다. 비판의 대상이 된 정치인, 기득권자들은 비판받을 짓을 했기에 글감이 된 것이라고 생각해 줬으면 한다.

남 탓할 필요 없고, 비판받는 것이 싫으면 공인 안 하면 된다. 난장 글감에 걸린 정치인들은 천당 가기 글렀다고 생각하라. 유권자를 기만하고 속인 것이 큰 죄일 수 있지만 무엇보다 본인 양심을 속인 것이 제일 크지 않을까. 시민들은 알면서 모른 척해 줄 뿐이다.

국회의원의 가족·자녀학비 수당이 논란거리로 부각되고 있다. 미뤄 둔 외유 일정을 밀린 숙제하듯 해치우려고 비행기 타고 외국 간 국회의원은 뉴스를 보고 "뭐 이런 것을" 할 수 있겠다. 외유 간 국회의원은 국내외적으로 온통 관심이 일본 대지진, 쓰나미, 방사능에 쏠리자, 이때다 하고 외국으로 갔을 것이다. 구제역으로 고통받는 농민, 물가상승에 자지러지는 국민은 안중에 없다.

국회의원은 무슨 일이 있어도 자기 밥그릇은 챙긴다. 북한의 연평도 포격에 국민들이 공포에 떨고 있을 때 의원 세비(歲費: 월급)를 1억 1,900만 원으로 5.1%(600만 원) 올리는 안을 통과시켰다. 또한 65세 이상 전직 의원들에게 매달 120만 원씩 지원하는 헌정회 육성법을, 연봉이 5,500만 원대인 의원 보좌관을 1명 늘리는 법안을 잇달아 통과시켰다. 신(神)도 감히 할 수 없는 일을 했다. 신(神)적인 존재다.

의원들은 세비 외에도 정근수당(연간 624만 원), 명절휴가비(연 749만 원), 정책개발비(연평균 3000만 원) 등을 지원받고 있다. 가족수당까지 챙겨 가는 것을 보면 국회의원 복지는 천당 수준이고 서민 복지는 지옥 수준이다. 국정을 이토록 자상하게 구석구석 살폈더라면 가족수당 몇 푼 더 주는 걸 두고 시비할 국민은 없을 것이다.

한 발 더 나아가 국회는 최근 입법로비를 사실상 허용하는 정치자금법 개정안을 행정안전위에서 기습 처리해 "민생법안은 뒷전으로 미룬 채 자신들의 이해를 관철하는 법안만 처리했다."는 비판이 거셌다. 언제 또 끼워 넣기로 통과시킬지 모른다. 국민이 틈만 보인다면 밀어붙일 것이다.

'천당 밑에 분당'이라고 '분당을'은 한나라당에는 '텃밭'이다. 4·27 재보선, 공정한 경선으로 후보를 뽑기보다는 친이계는 친이계 성향 후보를 심으려고 난장을 치고 있다. 정운찬 전 총리로의 전략공천을 고집하는 친이계의 속내는 뻔하다.

18대 공천 때 '이재오 사천(私薦)' 논란으로 당이 친이, 친박으로 쪼개졌는데도 '학습효과'가 필요 없다. 차기 대권구도를 위해 친이계는 올인을 하고 있다. '웰빙정당'의 구태에 국민들이 등을 돌리는 줄도 모르고.

정치인을 혐오하고 증오하는 요인을 스스로 만들면서 '알고 보면 좋은 사람'이라고 너스레를 떤다. 부천을 지역구로 둔 국회의원 중에 정책개발비(연평균 3,000만 원) 때문에 곤혹을 치른 분이 있다.

한나라당 18대 총선 공천심사위원을 맡지 않았다면 정치 생명이 끝날 정도로 치명적인 일이었다. 면직 통보받은 손모 보좌관이 L모 의원이 정책개발 및 간담회 개최와 관련해 허위로 영수증을 처리해 국회사무처로부터 돈을 타 냈다며 이를 조사해 달라는 진정서를 인천지방검찰청 부천지청에 제출한 적이 있었다.

그때 기사를 다시 훑어보니 권력이 무섭다는 것을 새삼 느낀다. 집권당에다, 실세의 백, 18대 총선 공천심사위원이 아니었으면 공천 자체도 문제가 되었을 것 같고, 공인으로서 부끄러워 유권자를 만날 생각을 못 했을 것이다.

손모 보좌관이 검찰에 제출한 진정서에 "이미 외부 발주로 시행한 정책연구를 다시 간담회 형식으로 제목을 만들어 발간하지도 않은 자료집 500권을 발간했다고 허위로 보고했는가 하면 사무실에서 관리하고 있는 몇몇 교수들의 인적사항을 이용해 25만 원 상당의 선물을 지급한 것처럼 허위로 영수증을 처리한 것을 목격했다."고 진술했다. 또한 "이 같은 허위 영수증 처리는 지난 2007년 2월부터 여러 번

목격했으며 2006년도 몇 차례 허위로 초청장을 만들어 간담회나 토론회를 개최한 것처럼 국회사무처에 제출해 돈을 타 냈다."면서 "검찰이 국회 사무처에 제출된 영수증을 조사하면 알 수 있을 것이다."라고 덧붙였다.

게다가 손모 보좌관 어머니는 평생을 교육에 종사하다 정년퇴임했다고 자신을 소개한 후 "이렇게 나이 많은 노인이 거리에 나선 것은 두 번 다시 내 딸과 같은 억울한 희생자가 생기지 않도록 하기 위해서"라면서 "L 의원은 우리나라 교육정책을 입안하고 교육개혁을 운운할 자격이 없다."고 맹비난했다.

그때 핵심 참모들은 손모 보좌관을 설득하기에 바빴고, 부당거래를 시도했다. 선거가 코앞이라서 수단 방법을 가리지 않았다. 한나라당 바람(風)으로 재선에 성공한 의원은 18대 총선 공천심사위원하면서 배운 기술을 6·2 지방선거 공천 과정에서 잘 써먹었다.

특목고 다녀도 자녀학비 보조수당을 받는지 모르겠다. 학력의 세습, 특권의 세습이다. 아버지가 국회의원 아니었으면 특목고를 갈 수 없었다는 지역 주민들의 수군거림을 들었을 것이다. 부끄러웠을까, 아니면 당당했을까.

신의를 헌신짝처럼 내던지는 의원, 19대 총선에서 기적은 있을까? '이재오 사천(私薦)'이 다시 통하면 지역 민심에 상관없이 정치인으로 승승장구할 수 있다. 이런 정치생활이 행복할까? 낙타가 바늘구멍에 들어가는 만큼 민심을 얻기는 힘들 것 같다. '낙타'는 요행수를 바라지 않는다.

혈세로 가족과 자신만 챙기는 국회의원은 민심의 무서움을 알았으면 한다. 비판 글 쓰는 난장이 천당 가기 힘들 수 있지만 혈세로 살림살이는 하지 않는다. 내 책상에는 지방세, 산재보험, 고용보험 내라는 고지서가 덩그러니 놓여 있다.

세금 내기 힘들다. 영세업자들은 이렇게 살고 있다. 세금 잘 낸다고 천당 갈 수도 있겠다.

▮국회의원의 여인, 대통령의 여인

드라마에 비친 타락한 정치인

대통령 역을 맡은 마이클 더글러스, 환경문제 전문 로비스트로 나온 아네트 베닝. 영화 <대통령의 여인>은 꽤 인기를 끌었었다. 영화 마니아가 아니더라도 아네트 베닝 여배우의 귀여운 이미지를 기억하는 사람은 많을 것 같다. 눈가에 잔주름이 있어도 아직도 귀여운 이미지는 그대로다.

정치 드라마 <프레지던트>를 보면 대통령의 여인들이 드라마를 끌고 가는데, 영화 <대통령의 여인>의 아네트 베닝 같은 배우도 없고, 로맨스도 없어 재미를 느끼지 못하고 있다. 타락한 정치인의 모습, 불륜에 의한 정치인의 여인, 음모·계략에 시청자들은 식상해한다. 드라마 <웃어요, 엄마>에는 남자보좌관과 여자보좌관의 불륜을 다루고 있다. 정치인을 혐오하는 것을 넘어 불륜하면 정치인을 떠오르게끔 드라마, 영화에서 묘사되고 있다.

그러나 정치 드라마에 대한 반응은 싸늘하다. 정치인의 이중생활·타락에 정치를 혐오한 것이 어제오늘 일이 아닌데 굳이 안방에까지 정치인들의 배신·음모를 보면서 스트레스를 받고 싶은 사람이 어디 있겠는가. 아니나 다를까 시청률이 뚝뚝 떨어지고 있다. 웃고 즐길 수 있는 드라마 <시크릿 가든>을 선호하는 이유를 쉽게 찾을 수 있다.

드라마 <프레지던트>는 정치인의 복잡한 여자관계를 다루고 있다. 드라마의 작가가 10년 경력의 보좌관 출신이라고 한다. 소설적인 내용도 있겠지만 현실 정치에서 경험한 것을 표현하지 않았을까. 드라마가 탄파지보다는 세미다큐멘터리에 가깝다. 보좌관 출신 작가는 현실 정치를 잘 표현했지만 시청자 흥미를 유발하는 데는 실패한 것 같다.

휠체어 탄 그룹 회장, 재벌과 정치인 간의 금품거래, 당내 경선 후보들끼리 벌이는 흑색선전과 특정 정치인에 대한 대통령의 노골적인 후원을 보면 보좌관 출신이 있는 그대로 묘사를 한 것 같다. "정치는 선과 악의 게임이 아닌, 권력의지"라는 극중 장일준의 대사는 정치의 본질을 제대로 건드렸다.

권력자는 돈과 여자를 멀리할 수 없다. 권력과 돈을 가지면 찾는 게 여자라고 한다. 몹쓸 병이라고 하지만 동서고금 역사를 훑어보면 허다한 일이다. 여자 때문에 패가망신한 권력자가 한둘이 아니다.

권력자 뒤에는 항상 그 남자를 움직이는 여자가 있다. 진위논쟁이 있지만 『화랑세기』에 나오는 '미실'은 권력욕의 화신이자 여장부였다. 김별아 작가의 『미실』책을 재미있게 읽었는데 남자 권력자에게 무서운 것은 여자라는 것을 새삼 느꼈었다.

권력자들은 외롭다고 한다. 눈을 부릅뜨고 자기를 감시하고 비판을 하니 고립돼 누군가에게 기대고 싶어 한다. 남자 권력자들은 남자를 잘 믿지 않는다. 모성에 끌려 여자를 가까이하는 것을 남자의 본성이라고 할 수도 있고, 권력자의 속성이라고 할 수도 있다.

난장 글을 쓰면서 딱딱한 칼럼스타일을 벗어나고자 하는 이유는 1

명의 독자라도 재미있게 읽었으면 하는 바람이 있기 때문이다. 쉽게, 재미있게 쓰려고 한다. 지식을 과시하는 문장으로 채워진 칼럼을 읽다 보면 인쇄매체를 지식층이 본다고 하지만 너무 어려워 신문을 접을 때도 있다. 드라마는 일단 재미있어야 한다. 칼럼도 재미가 있어야 한다.

보좌관 출신이 <프레지던트> 대본을 쓴 것을 보고 언젠가는 보고 들은 이야기를 모아 <국회의원의 여인>을 한 번 쓰고 싶다. 리얼하게 쓸 수 있는 자신은 있는데 언제 기회가 올지 모르겠다. 정치인의 스캔들이 루머이고 사실이 아니라고 하지만 루머가 퍼지도록 처신을 한 정치인 본인 탓이 크다. 사실이든, 아니든 지저분한 소문이 돈다면 공인으로서 지탄받아야 한다. 소문의 여인이 아네트 베닝처럼 귀엽지가 않아 시나리오 쓰기가 쉽지 않을 것 같다.

박완서 작가는 도저히 잊히지 않는 참혹한 전쟁 체험, 이를 언젠가는 글로써 까발리겠다는 앙심(怏心)이 소설을 쓰는 원동력이 됐다고 하였다. 또한 '경험하지 않은 것은 쓰지 않는다'는 글쓰기 철학을 가진 현실주의자였다.

정치판의 배신, 정치인의 이중생활, 정치인의 여인을 지켜보고 체험했기 때문에 <국회의원의 여인>이라는 제목으로 글로써 까발리는 시나리오를 쓰고 싶다. 정치인의 비리, 스캔들이 드라마보다 더 드라마틱한 일들이 비일비재하게 벌어지는 것을 재미있게 쓸 수 있는 능력을 키우고 싶다. 글을 잘 쓰고 싶은 욕심은 누구나 가지고 있는 것 같다.

19대 총선이 다가오고 있다. 정치인들의 비리와 흑색선전이 뉴스를 도배를 할 것이고, '설', '카더라'로 재미삼아 루머를 퍼뜨리는 사람도 있을 것이다. 권력자가 공인으로서 행실을 잘못해 나쁜 여론이 형성되었다면 누굴 탓할 일은 아니다. 공천과정에서 돈이 오고 갔다는 '설'부터, 지저분한 스캔들까지 막 터져 나올 것이다.

공정한 선거, 깨끗한 선거를 외치지만 권력싸움에 공정하고 룰대로 하다간 백전백패(百戰百敗)라고 한다. 일단 이기고 보자는 식이다. 선거판에서 배신·배반을 밥 먹듯이 하는 이유는 권력을 잡으면, 배지만 달면 모든 것이 용서된다고 판단하기 때문이다.

미국의 시인 로버트 프로스트는 이런 말을 했다.

"시는 슬픔의 결정체이고, 정치는 불만의 결정체이다."

정치가 불만의 결정체라면, 현역 국회의원에 대한 불만이 표로 어떻게 나타날지 궁금하다. 여론조사에 의하면 현역 국회의원 물갈이를 75% 정도 원한다고 한다.

부천신문이 발표한 여론조사를 보면 한나라당이 34.7%로 가장 높았으며, 민주당 28.1%, 국민참여당 3.5%, 자유선진당 3.4%, 민주노동당 3%, 다른 정당 3.3% 순으로 조사됐다. 지지정당이 없다는 무당층도 24%에 달해 내년 4월 총선은 어느 후보가 부동층을 흡수하느냐에 따라 승패가 갈라질 수도 있다.

여론조사를 보나, 동네 바닥민심을 보나 한나라당 국회의원은 버거운 선거를 할 수밖에 없을 것 같다. 18대 총선은 한나라당 바람(風)이 불었지만 19대 총선에서는 그런 바람(風)을 기대할 수 없을 것 같다. 다만 국민참여당, 민주노동당이 후보를 낸다면 진보표의 분산으로 재미를 좀 볼 수는 있다.

'침묵하는 다수'는 벼르고 있다. 여론 조사에 응하지 않은 불만세력은 선거 때 불만을 표출할 것이다. 반여당정서를 고려한다면 한나라당 입장에서는 원미갑은 7%, 소사구는 4% 정도 열세, 원미을은 박

빙, 오정구는 민주당 우세 아닐까. 한 치 앞을 모를 정치판을 예측한다는 것은 소설 쓰기보다 어렵다. 아네트 베닝의 선한 미소를 정치판에서는 볼 수 없다는 것이 안타깝다.

▌진보 · 보수 떠나 정치인의 이중생활

시민과는 막걸리, 접대받을 때는 양주

    사람은 대체로 배부르고 등 따스하면 온순하고 여유가 있다. 반면에 살기가 팍팍하고 빈곤하면 절박하고 과격해질 가능성이 높다. 밤이면 밤마다 룸에서 접대받고 사는 여유 있는 기득권층이 있는가 하면 선술집에서 소주 한 잔 기울면서 학원비, 전세 값 폭등 때문에 절박한 서민의 가장이 있다.

    보수는 재산, 권력을 갖고 있어 세상 변하는 것을 싫어하고 누구와 싸우는 것을 피한다. 진보는 궁핍한 삶에서 벗어나고자, 권력을 잡고자 변화를 추구하고 과격한 면이 없지 않다. 그러나 이런 낡은 프레임으로 더 이상 보수 진보를 구분할 수 없다. 강남좌파라는 말도 있지 않은가. 부유하지만 진보적인 사고를 가진 사람이 있는가 하면 가난하지만 보수적인 성향을 가진 사람도 있다.

    정치는 좌파적인데 생활은 우파적 정치인이 꽤 있다. 귀족노조·권력노조를 보면 진정 노동자를 대변하는 것인지 개인의 안위를 위한 것인지 고개가 갸우뚱거려진다. 넓은 사무실에다 대형차를 타면서 귀족노조가 된 자신들은 부인하지만 우파보다 더한 우파생활을 즐기고 있다.

권력을 가지면 접대하겠다는 사람들이 많아 귀한 몸이 되어 서민들이 쉽게 먹어 보지도 못하는 양주와 음식을 거리낌 없이 즐긴다. 카메라 앞에서는 빨간 조끼, 머리띠를 두르고 결연한 모습을 연출한다. 다 그렇다는 것은 아니지만 권력자들은 이중생활하기 바쁘다. 대중 앞에서는 막걸리를 마셔야 하고 밀실야합을, 이권개입을 위해서는 룸에서 양주를 마신다.

시의회 업무추진비 그렇게 공개하라고 해도, 시장의 업무추진비 그렇게 공개하라고 해도 안 하는 이유는 룸살롱에서 접대하기 때문은 아닐 것이다. 권력자로서 업무추진비를 마음대로 쓰고 싶은 생각이 아니라면 공개 못할 이유도 없는데 시대 상황이고 시민이 요구해도 '모르쇠'로 일관한다. 이중생활을 노출시키고 싶지 않은 모양이다.

사실이든, 아니든 김만수 시장, 김관수 의장, 윤병국 운영위원장은 진보성향이고 개혁적인 정치인으로 알려져 있다. 좌파정치를 하면서 업무추진비로 우파 생활을 하는지 모르겠다. 김관수 의장은 관내 유권자들이 보는 앞에서는 친환경 하이브리드카를 타고 권위를 세울 때는 대형차를 타고 다녔다는 지적이 있었다. 진보 좌파 정치를 하면서 우파 생활을 하는 것을 보여 주고 싶지 않아 연출을 하다가 들켰다고 봐야 하나.

진보 성향 의원들은 홍 전 시장의 관용차 기름값까지 따진 것으로 알고 있다. 그런 그들이었기에 이중생활, 이중 잣대에 부천시민들이 치를 떨고 있다. 민주당 의원을 뽑은 것은 시민을 위해 진보적이고 개혁적인 일을 하라는 것인데 배지 달고 완장 차니 보수보다 더한다는 말이 있다.

보수는 투쟁을 피하고, 진보는 투쟁을 즐기고, 보수는 나쁜 사람이고, 진보는 착한 사람이고, 보수는 양주 마시고, 진보는 소주 마시는 사람이라고 생각했던 사회적 분위기가 한때 있었다.

참여정부 때 386 운동권 출신들이 처음에는 선술집에서 사람을 만나다가 어느덧 룸살롱에서 양주를 마시면서 접대받는 것을 당연하게 받아들인다는 비판이 있었다. 게다가 참여연대 전 현직 임원이 청와대와 정부 고위직, 산하 각종 위원회에서 활동을 하면서 권력의 달콤함을 맛보는 것에 국민들은 놀라움을 금치 못했다.

부천시는 참여정부의 축소판이다. 진보권력이 똬리를 틀었다. 참여정부 청와대 대변인 출신 김만수 시장을 비롯해 민주당이 시·도의원 장악, 민주노동당·국민참여당 시의원, 노동자 출신 시의원, 부천시정운영공동위원회 위원에 시민사회단체 임원이 위원이기도 하다.

부천시에서 시민단체의 일사불란하게 움직이는 모습은 참여정부 때 참여연대의 역할을 떠오르게 한다. 시민사회단체의 순기능을 모르진 않는다. 시민사회단체가 진보성향인 것도 안다. 그러나 특정 정당에 치우치고, 특정 정치인과 식구가 되면 공정성과 객관성을 잃는다. 시민들은 시민사회단체가 아니라 정치집단으로 평가하고 바라볼 수밖에 없다.

부천시민이 보수를 심판하고 지방권력을 바꾼 이유가 있을 것이다. 부천시, 시민은 안중에도 없고 배부른 보수를 보니, 끼리끼리 헤쳐 먹는 꼴을 보니 비전이 없어 맡길 수 없다는 판단을 했을 것이다. 보수세력은 억울한 면이 있을 것이다. 눈폭탄 사건부터 온갖 음해와 덧칠에 제대로 평가를 받지 못하고 흑색선전에 지방권력을 내놓았다고 억울함을 호소할 수 있다.

제도권 안으로 진입한 진보세력은 뭔가 다른 모습을 보여 줘야 했다. 부천시민은 기대했다. 그러나 엄청난 실망을 하게 되었다고 한다. 좌파권력은 우파권력보다 더하다는 말에 어떤 변명과 핑계를 할지 모르겠다. 안 하는 척, 고상한 척하면서 더한다는 것이다.

왜 노무현 전 대통령이 극단적인 선택을 했는가. 참여정부는 도덕성, 개혁에 목말라 있는 국민이 탄생시켰다. 그런데 지금은 실패한 정권이라고 한다. 왜 그럴까? 어느 정부보다 도덕적이었음에도 불구하고. 기대치다. 너희들은 그렇게 안 할 줄 알고 밀어주고 뽑아 줬는데, 국민들은 배신감을 느꼈던 것이다.

부천시 지방권력을 잡은 진보세력들은 부천시민의 도덕 잣대는 엄격하다는 것을 알아야 한다. 벌써 권력에 도취되어 접대받기 바쁘고, 권력의 맛에 허우적거린다고 한다. 부천시민이 이런 꼴 보기 싫어 다음 지방선거에서 표로 응징할 수 있다는 것을 잊지 않았으면 한다.

13개월 후 총선이 있다. 진보의 승리냐 보수의 승리냐는 쉽게 판단할 수 없는 형국으로 치닫고 있다. 이유야 어쨌든 같은 운동권 출신인데 차명진 의원은 황제로 각인돼 있고, 김상희 의원은 소사댁으로 인식되고 있다. 1년 뒤 소사구 유권자들의 선택이 흥미롭다. 단순히 재산이 많고 적음이 문제가 아니라 누가 더 친서민적일까, 동질감을 느끼게 할까? 이게 관건일 수 있다.

일단, 차명진 의원은 재선이고 부자당 이미지를 벗지 못한 한나라당이라는 이유에 차명진 의원에게는 불리한 분위기일 것 같다. 시샘, 질투는 아니지만 국민들은 권력을 장기간 잡고 있는 것에 호의적이지 않다. 김문수 도지사 후광에 벗어나 차명진 의원이 지역구 관리를 잘했으면 3선할 수 있다.

운동권 출신이고, 진보성향을 가진 원미갑 임해규 의원은 한나라당에서 적응을 잘하고 순응을 한 의원이라는 평가를 받는다. 18대 총선에서 보좌관 사건으로 약간의 위기 상황이 있었지만 이재오 의원 대리인격으로 공천심사위원을 하면서 허들을 뛰어넘을 수 있었다.

한나라당 원미갑이 부천에서 제일 시끄럽고 말이 많다고 한다. 일부 사람의 말이 아니라 여론이 그렇다. 잔잔한 파도가 아니라 쓰나미 수준이라고 한다. 머슴론을 이야기하지만 초심을 잃어 실망을 해 떠나는 당원들이 많다고 한다. 현역 국회의원이기에 조직을 추스를 수 있다고 하지만 진정성을 가지고, 동지애를 가지고 있는 측근들이 몇 명이나 있을까.

민주당 원미갑 후보로는 김기석 씨가 유력하다고 하지만 김만수 시장 캠프나, 원혜영 국회의원 간의 한때 각을 세워 순탄하지만은 않다고 한다. 헤게모니 싸움이 볼 만하다. 김기석 씨는 재력가로서 지지자, 조직을 관리하고 김경협 씨는 노동자 조직을 가동하고 도움을 받고 있다고 한다.

한나라당 차명진, 임해규 의원은 김문수 도지사 후광으로 국회의원 재선을 했다고 한다. 지금도 계보로 신임을 받고 있다고 한다. 운동권 출신에다 진보성향인 두 의원에게 부천시민의 평가는 다양하다. 권력에 맛 들려 서민들과 동떨어진 행보를 한다고 비판하는 사람도 있고 애정 어린 충고를 하는 사람도 있다.

당을 떠나 진보적이고 깨끗한 정치인이 있다. 사람들은 그런다. 당을 보지 말고 사람을 보고 뽑으라고. 그런데 결과를 보면 말 따로 행동 따로인 것 같다. 부천시민은 총선 때 완장으로 행세하는 의원보다 진심으로 지역주민을 섬기고 국가를 위한 일꾼을 뽑지 않을까? 다만 정치인의 맨얼굴, 이중생활을 잘 모른다는 게 걱정이다.

부천시민은 검증을 게을리 하면 절대로 좋은 일꾼을 뽑을 수 없다. 성인군자를 뽑는 것은 아니지만 공인다운 정치인을 뽑아야 한다. 열심히 검증해서 제대로 된 일꾼을 뽑아 보자.

▌SSM법 이게 최선입니까, 확실해요?

상위법 위배한 조례안 공포 안 돼!

문득 스트레스 안 받고 살 수 있는 나라는 어디 없나 하는 생각을 할 때가 있다. 스트레스 안 받으려면 아무것도 안 하거나, 사람을, 경쟁을 피해 산 속으로 들어가면 된다고 한다. 그게 죽으라는 말같이 들려 오히려 더 스트레스 받을 수도 있겠다. 덴마크가 가장 행복한 나라라고 하는데, 거기서 살면 행복할까.

세상 돌아가는 소식을 접하려고 인터넷을 접속하나, TV를 켜나 복지 포퓰리즘이 핫이슈여서 쉽게 눈에 띈다. 무상급식, 무상의료, 무상보육의 '무상복지 시리즈'와 대학교 반값 등록금 정책을 들으면서 국민들은 행복해할까 아니면 나라 망하겠다고 걱정하면서 스트레스를 받을까 하는 호기심이 생겼다. 살기 좋은 나라는 보편적으로 조용한 편인데 우리나라는 무슨 핫이슈가 많은지 조용할 날이 없다.

'무상복지 시리즈'가 현실화되면 행복한 나라가 될까? '무상복지 시리즈'로 총선·대선에서 국민의 환심을 사겠다는 당은 삽질 안 하고 다른 예산 아끼면 재원은 문제없다고 하는데, 그 말을 믿을 국민은 별로 없다. 메일 박스에 꽂혀 있는 세금고지서를 보고 스트레스 받아 병원을 더 찾게 될지도 모른다. 병(세금고지서) 주고 약(무료의료) 주는 격이다.

영세업자나 전통시장 상인들은 무상복지는 차치하고 기업형 슈퍼마켓(SSM)이 골목상권을 초토화시키고 있으니 진입을 막아 달라고 호소를 하고 생존권을 지키는 싸움을 그동안 해 왔었다. 그나마 SSM 유통법과 상생법이 통과되었지만 중소상권 보호를 위한 최소한의 법적 장치에 불과하다고 한다.

유통법은 전통시장 반경 500m 안에 대형마트와 SSM이 들어오지 못하게 규정하고 있다. 또한 상생법은 대기업 지분이 51%를 넘는 가맹점을 직영점과 마찬가지로 영업정지 권고 등 '사업조정 대상'에 포함하도록 했다. 문제는 해당 지방자치단체 조례로 전통상업보존구역을 지정해야 하는 것이다.

이를 위해 기획재정부가 도를 통해 각 시·군에 표준조례안을 시달한 것으로 알려졌다. 공이 지자체로 넘어온 것이다. 일선 시·군·구가 관련 조례 제정에 나섰으나 상위법과 상충하는 내용을 담아 논란이 일고 있다. 부천시도 별반 다들 게 없다. 부천시 SSM 조례안이 상위법과 상충돼 공포가 될 수 없다고 한다.

민주당과 민노당 의원들이 공동 발의한 SSM법 조례안은 상위법 위배 조항을 담고 있어, 경기도 법제부서의 검토과정에서 거부되어 공포(公布)되기 어렵다고 한다. 조례안은 공포가 돼야 시행될 수 있다. SSM법 조례안은 법적으로 효력을 발휘할 수 없다는 결론이 나온다. 그럼에도 밀어붙였다. 민주당, 민노당 시의원의 속내가 무엇인지 모르겠다. 친서민적이고 서민을 보호할 의지가 강하다는 것을 보여 주기 위함인가.

광주 광산구의회가 자치구 최초로 SSM 입점을 막을 수 있는 조례를 의결했지만 이런 문제 때문에 공포되지 못하고 있다. 다른 시·군·구도 같은 내용을 담은 조례안을 의결했으나 공포될 수 있을지는 미지수라고 한다. 부천시의회는 타 시의 사례를 공부를 했다면, 진정으로 지역상인을 위한다면 단순히 조례안을 통과시키겠다는 한건주의 정치적 행위를 하지 말아야 했다. 연목구어(緣木求魚)나 마찬가지다.

부천시의원들이 골목 소규모 업체들이 고사하고, 영세 상인들의 생계수단이 송두리째 빼앗기는 것을 보고 있을 수 없어 발 빠르게 SSM법 조례안을 발의한 것에는 찬사를 보내나 상위법에 위반돼 공포될 수 없는 조례안을 발의한 것은 영세업자를 우롱하는 것이고 고통을 덜어 주는 것이 아니라 더한 고통을 주는 것이라고 본다.

아무리 급해도 실을 바늘허리에 매어 쓸 수 없는 법이고, 잘못된 처방은 상처를 더 덧나게 한다. 상위법에 위배되어 공포될 수 없는 억지 조례안보다 상위법에 상충되지 않는 선에서 표준조례안을 통과시켜 공포되는 것이 지역 상인들의 노심초사하는 심경과 지역경제 위기를 헤아리는 것이고, 완벽하게 보호를 못해 아쉬움이 남고 송구스럽지만 합리적인 대처이다. 누군들 초울트라 강력한 조례 제정을 하고 싶지 않겠는가. 감정이 아니라 이성적으로 일 처리를 해야 한다.

조례가 하위법이다 보니 운신의 폭이 좁고, 보다 강력한 조례를 제정하고 싶어도 유통·상생법과 상충돼 실효성이 없다는 한계가 있다. 상위법보다 더 강력한 법을 만들 수 없는 현실을 지역상인들이 이해할 수 있도록 설명하고 표준조례안을 통과시켜 공포를 하는 것이 만족할 수준은 아니더라도 최선의 방법이라는 것을 설득해야 한다.

부천시의회가 떼법을 만드는 곳이 아니다. 억지춘향 식으로 할 일이 아니다. 지역상인들 입장에서는 만족스럽지 못하고 억장이 무너지지만 상위법이 개정 안 되는 한 기획재정부가 도를 통해 각 시·군에 시달한 표준조례안을 받아들이는 것이 유일한 대안이라고 본다.

상위법이 개정되는 대로 강력한 규제조항을 추가하여 상인과 전통시장 고통을 덜어 줬으면 한다. 민주당, 민주노동당 의원이 공동 발의한 조례가 무용지물이 된다면 한시적 미봉책으로 눈속임한 죄 어떻게 감당할지 모르겠다. 드라마 <시크릿 가든> 현빈이가 그러겠다.

"이게 최선입니까, 확실해요?"

공포돼 즉시 시행도 안 될 조례를 발의하면서 규제의 실효성을 운운하는 것은 어불성설이다. 표준안으로 최소한 보호 장치를 해 주는 것이 지역상인 전통시장을 위하는 길이다. 백 번 양보하더라도 법적 효력 없는 조례안보다 실효성이 떨어지더라도 표준안을 따르는 것이 백 번 낫다.

재벌그룹의 대형마트, SSM 기업형 슈퍼마켓들의 끝없는 영업권 확대로 동네에서 장사를 해서 먹고 사는 자영업자들이 갈수록 설자리를 잃는다는 것은 형제, 아버지, 가족의 고통이다. '소비자 선택권' 인정하고 '시장경제 원리' 따르고 순응하는 것이 순리지만 대기업 상도에 벗어난 행위에 사회적 약자는 서럽다. 가정을 파괴하는 대기업 횡포를 보면 안타깝기 그지없다.

어떤 법을 만들어도 완벽한 법은 없다. 기업형 슈퍼마켓(SSM)들이 법망을 교묘히 악용하는 꼼수를 안 부리고 '상도'를 지켰으면 좋겠다. 상생할 수 있도록 대기업들이 통 큰 행보를 보여 줬으면 한다.

▌대중예술인은 타락, 문화권력은 썩어

타성에 젖은 문화 예술인 반성하기를

연평도 포격으로 군인과 민간인 등 4명이 숨지고 수십 명이 다쳤을 때 온 국민은 분노를 하였다. 내 형제나 가족이 이유 없이 죽음을 당할 때 가슴 깊은 곳에서부터 끓어오르는 분노와 슬픔을 감내하기란 쉽지 않다. 반면에 시나리오 작가 최고은 씨의 죽음은 분노보다는 허탈감으로 다가왔다.

관심이 집중되는 것은 그녀의 죽음이 단순한 개인의 문제가 아니라 사회적 타살에 가깝다고 보기 때문이다. 그녀가 죽음에 앞서 이웃집에 '쌀이나 김치를 조금만 더 얻을 수 없나', '밀린 돈들을 받을 수 있을 것 같다'는 쪽지로 남겼다. 생계를 위해, 생존을 위해 절박하게 '쌀이나 김치, 밀린 돈'을 기다렸다.

세계 최고의 전자업체, IT 강국, 세계를 주름잡는 자동차·조선·철강업체가 즐비하고, 한류바람에 관광객이 밀려들고, 지난해 G20 의 장국이었던 우리나라, 공연, 축제 등 낭비성 행사와 호화 청사신축으로 돈을 흥청망청 써대는 우리나라에서 지병이든, 아사이든 재능 있는 예술인이 쓸쓸하게 죽었다.

스마트폰, 피자, 명품에 익숙한 부잣집 아이들은 '아사'라는 말 자체를 모를 것이다. 현빈, 소녀시대, 동방신기에 열광한 우리는 창작을 위해 굶거나 라면으로 허기를 채우는 가난한 예술인이 있다는 것을 잊고 있었다.

영화산업 노조가 실시한 근로 환경 실태조사에 따르면 영화 스태프의 연평균 소득은 650만 원 정도, 이는 월 54만 원 꼴로 1인 가구 기준 49만 845원인 최저생계비를 겨우 웃도는 수준이다. 실제로는 소득 없이 하루하루 살아가는 스태프가 더 많다. 최고은 작가도 5편의 시나리오를 썼지만 영화화된 작품은 하나도 없었다.

그녀의 죽음으로 예술인의 처우 개선을 위해 기득권층은 한목소리를 낸다. 이게 어제오늘의 문제가 아닌데 우리나라는 꼭 사고가 터지거나 누가 죽어야 관심을 비친다. 정치인들은 이때다 싶어 기금을 조성하겠다는 둥, 창작환경, 근로 환경 개선을 위해 법을 만들겠다는 둥 카메라 앞에서 쇼를 한다.

영화계는 부익부(富益富) 빈익빈(貧益貧) 현상이 뚜렷하다. 흥행감독, 유명한 배우들은 스포츠카에 큰 집에 살지만 영화 스태프는 최고은 씨처럼 방 하나에 부엌이 딸린 월세 방에 산다. 물론 부모 잘 만난 예술인은 우화하게 예술인의 길을 걸을 수도 있다.

최고은 작가의 죽음에 유명한 감독이나 배우들은 슬픔을 나타냈다. 쓴웃음이 나온다. 그동안 영화 스태프의 열악한 환경을 몰랐단 말인가. 영화계는 유명한 배우 몸값, 홍보비에는 돈을 펑펑 쓰면서 스태프의 처우 개선에는 조금의 노력도 하지 않았다. 그래 놓고 이제 와서 작가의 죽음에 애도와 관심을 표하고 있다.

참여 정부 때 영화계의 민원을 수용해 영화발전기금을 신설했다.

정부는 당시 영화 현장 인력의 처우 개선 및 재교육을 통한 전문성 제고를 추진하겠다고 밝혔다. 하지만 당초 취지와는 다르게 이 기금이 사용됐다고 한다. 지난해 443억 원의 영화발전기금 사업비 중 인적자원 육성과 근로 환경 개선에 쓰인 돈은 전체의 6.1%인 27억 1,300만 원에 불과했다고 한다.

시나리오 작가답게 생존을 위한 처절함을 '쌀이나 김치를 조금만 더 얻을 수 없나', '밀린 돈들을 받을 수 있을 것 같다' 쪽지에 글을 남겼다. 무슨 말이 더 필요한가. 온몸으로 써 내려간 유서에 가슴이 아려왔다. 참회의 눈물을 흘려야 할 사람도 있을 것 같다.

영화 제작자, 정책입안자, 유명한 감독, 톱 배우들은 생색만 냈지 영화 스태프의 처우 개선에 열정을 보이지 않았다. 영화 시상식 수상 소감에서 "고생하신 스태프에게 영광을 돌리겠습니다." 같은 말 외에 어떤 일을 했나?

스크린쿼터 축소를 발표할 때 영화계는 즉각 이에 반발하고 투쟁을 선언하곤 했다. 영화계는 예상하지 못한 안팎의 비판에 직면하기도 했다. 이유가 있었다. 스태프 근로 환경에 관심 없이 영화 한 편에 몇 억을 챙기는 감독, 몸값만 올려 받는 배우를 보고 밥그릇 지키는 것으로 본 국민이 많았다. 영화산업의 성장에도 불구하고 그 과실은 유명 배우, 유명한 감독, 문화권력층이 챙겨 갔다.

스크린쿼터 축소 논란 속에서 영화산업 노동자들의 열악한 현실이 한국영화계의 핵심 문제로 지적됐지만 정작 대안은 논의되지 못했다. 스크린쿼터 축소를 막자는 이유 중에 하나가 영화산업이 붕괴하면 스태프들이 굶어 죽는다는 것이었다. 영화산업이 예전 같지 않지만 작가의 죽음은 그동안 문화 기득권층, 특권층이 나 몰라라 하고 관심을 갖지 않은 것이 더 큰 요인이다.

국민의 정부, 참여 정부 때 영진위 사무국장으로 10년을 근무한 부천문화재단 김혜준 상임이사는 최고은 작가의 죽음에 어떤 생각을 가지고 있을까? 토론회를 쫓아다니면서 영화산업 노동환경 개선을 위해 노력을 했을 것이다. 과정이 어땠던 결과론적으로 최악의 근로조건에서 가난한 영화인이 생활고로 죽었다.

김혜준 상임이사는 영진위 사무국장으로 10년 근무하는 동안 적지 않은 파열음을 일으켰다. 부천문화재단 수장으로 내정됐을 때 끈으로 연결된 문화권력 대단하다는 것을 느꼈다. 문화권력자로서 끼니 걱정 없이 혈세로 국내외 시찰을 다니고 문화를 향유하고 있다. 정치권력에 유착한 문화권력은 앞으로 '아사'일은 없을 것 같다.

부천 국제판타스틱영화제(PiFan)의 결산 보고서를 보고 싶었다. 공개용이 아니라고 거부해 다른 자료를 뒤져 봤다. PiFan 축제를 위해 2,794,920천 원을 2010년에 집행했다고 한다. 예산 절약할 수 있는 군더더기가 있을 것으로 본다.

인건비가 769,335천 원, 작품섭외출장비 81,600천 원, 홍보선전비 371,600천 원, 다 열거할 수 없지만 축제를 위해 혈세를 퍼부었다. 잔치를 한다는 것이 돈을 쓰는 것 아닌가. 부천무형문화엑스포는 낭비성 축제이고 왜 PiFan은 왜 우화한 축제인지 아직 답을 얻지 못했다.

2011년 실내 체육관에서 화려한 PiFan 개막식을 하는 것으로 알고 있다. 유명한 배우와 정치인들이 카메라 세례를 받으면서 레드카펫을 밟을 것이다. 그때쯤 되면 최고은 작가의 죽음에 대한 영화인의 죄스러움은 없을 것이다.

한국만화영상진흥원, 부천문화재단, (재)경기디지털진흥원, 부천 국제판타스틱영화제에서 인재 육성 차원으로 예술인 지원을 하는 것으로 알고 있다. 혈세로 운영되는 산하기관에 똬리를 틀고 앉아 꼬박 꼬박 월급을 받아 가는 문화, 예술인들은 최고은 작가의 생활고를 알 수 없었을 것이다.

품위 유지를 위해 쓰는 업무추진비, 품위 유지를 위한 지급(자문위원, 명예관장 등), 월급 지급 근거가 있을 수 있으나 배고픈 예술인 후배를 위해 그 돈을 받지 않으면 안 될까? 문화권력을 잡은 예술인들은 더 이상 예술인의 배고픔을 모른다. 산하기관에 둥지를 튼 문화, 예술과 거리가 먼 퇴직공무원, 정치인들은 최고은 작가의 죽음에 어떤 생각을 가질지 궁금하다.

대중예술인은 타락하고 문화권력은 썩어 가고 있다. 문화권력을 잡고 휘두르는 기성세대 반성해야 한다. 영화계의 부조리와 모순을 고발하기 위해 그녀는 목숨을 내놓은지도 모른다. 배부른 문화 예술인, 타성에 젖은 문화 예술인 잠시 걸어왔던 길을 되돌아봤으면 한다.

▌정치인의 부당거래가 국민을 분노케 한다

날카로운 행감을 기대한다.

먹고살기 위해 어쩔 수 없이 부당거래의 유혹에 넘어가는 사람이 있는가 하면 권력욕, 재물욕, 명예욕에 사로잡혀 습관적으로 부당거래를 하는 사람이 있다. 보통 사람들은 처자식 때문에 먹고살기 위해 한다면 권력층은 나쁜 짓으로 욕구를 충족시키기 위해 한다는 것이다.

요즘 영화 <부당거래>가 관객몰이를 하고 있다고 한다. 영화 <부당거래>는 특히 30~40대 남성 관객으로 이뤄진 이른바 '넥타이 부대'의 관람률이 높다고 한다. 영화 <부당거래>가 남성 관객의 호응을 얻는 건 스폰서 검사와 부패한 경찰, 건설 비리 등 사회상을 반영한 현실적인 소재가 흥미를 높였다고 할 수 있다.

대한민국 남자가 사회생활하면서 부당거래를 하지 않는 사람은 얼마나 될까? 부당거래를 하지 않으면 사회성이 없다는 둥 융통성이 없다는 둥 별 이야기를 다하면서 왕따 취급을 한다. 사람은 깨끗한 1급수에 살 수 없다고 한다. 아직 우리사회는 정의·공정·투명하고는 거리가 멀다고 한다.

2010년 부패인식지수에서 한국이 10점 만점에 5.4점을 얻어 조사 대상 178개국 중 39위에 그쳤다고 한다. 부패인식지수는 한 나라의 공무원, 정치인의 부패 정도에 대한 인식을 점수화한 것으로 우리가 속한 5점대는 절대부패에서 갓 벗어난 상태를 가리킨다. OECD 30개 회원국 평균인 6.97점에도 크게 못 미칠 뿐 아니라 2년 연속 점수가 하락하고 있다는 데 문제가 있다.

국회의원은 우리사회를 부패의 구렁텅이로 내몰고 있다. 권력을 이용한 부당거래는 상상을 초월한다. 정해걸 의원은 "옛날에는 의원이 물에 빠지면 그냥 죽으라 하고 일반 국민만 건졌는데 이제는 의원을 제일 먼저 건진다고 한다."며 "왜인 줄 아느냐. 물이 오염돼서 못 쓰게 될까 봐 그렇다고 한다."고 말했다고 한다. 현 국회의원의 말에 웃어넘기기에는 불편한 진실이 담겨 있다.

정치인들이 이런 식으로 속절없이 부정한 집단으로 몰리는 게 억울할 수 있지만 업보다. 대표적 서민의 한 유형인 청원경찰의 '코 묻은 돈'에 먼저 손을 벌릴 정도는 도덕 불감증이 어디까지 왔는지 짐작할 수 있다. 야누스적인 국회의원이 우리 사회를 좀먹는다.

청목회 입법로비 수사로 후원금은 얼어붙고 법안 발의조차 서로 눈치를 살피게 됐다고 한다. 그나마 6·2 지방선거 때 공천 잣대로 쓰겠다는 엄포에 죽기 살기로 동원해 쪼개서 후원금을 헌납한 후보자들 때문에 후원금 모금에 덜 걱정하는 의원도 있겠다. 탈법·편법·불법이 명백한 부당거래였지만 권력이 정의이고 질서라는 현실에 어느 누구도 권력자 앞에서 토를 달지 못했다.

여야를 가릴 것 없이 정치권이 '청목회 입법 로비' 수사로 몸살을 앓고 있지만 그동안 소액 후원금을 둘러싼 탈법·불법·편법을 국회의원들은 모르지 않았다. 모르는 척했을 뿐. 정기국회에 앞서 열리는

175

후원회가 성황을 이루는 데는 다 이유가 있다. 순진하고 요란한 청목회의 후원금 제공 방식은 쉽게 눈에 띄었을 뿐, 본질에서는 다른 기관이나 단체의 후원금 제공과 별반 다를 게 없어 보인다.

막강한 권력을 가지고 있는 국회의원의 부당거래는 한두 개가 아닐 것이다. 아직까지 우리나라는 투명한 시스템에 의해 움직이기보다는 권력에 의해 좌지우지된다고 봐도 무방하다. "국회의원은 여자를 남자로 바꾸는 일을 말하는 건가요"고 말하는 국회의원도 있다.

소액 후원자가 많다고 자랑하는 국회의원이 있는데 부끄럽게도 후원금 쪼개기 수법이 탁월하다는 것을 스스로 밝히는 경우다. 회계책임자는 이름뿐이고, 실세 보좌관이 단체가 쪼개서 낸 돈을 확인하고 의원에게 보고를 한다. 아울러 지역보좌관은 정치에 꿈을 가진 후보자에게 10만 원 후원금을 내도록 닦달을 한다. 편법이 하루 이틀 문제가 아니었다.

부천시의원과 공무원 간의 부당·부정거래는 없을까? 지방권력이 바뀌어 전대미문의 인사이동을 진두지휘한 한 사람이 모 시의원이라고 소문이 파다하다. 실세라는 말에 우쭐하고 "도와 달라", "살려 달라"는 말에 권력의 달콤함을 만끽했겠지만 권력남용이고 부당거래를 한 것이다.

소문대로 특정 의원이 인사개입을 해 막강한 힘을 썼다면 행정사무감사 때 자기가 심은 사람에게 호통을 치고 샅샅이 조사를 하겠는가. 한다면 '쇼'가 아닐까? 명백한 부패다. 도덕적으로, 법적으로 어려움에 처해 있는 민주당 몇 명 의원은 부당거래로 곤혹을 치르고 있다. 돈이었든, 몸이었든.

김만수 시장 역시 측근 일자리 만들기를 위해 산하기관을 '비리 백

화점'이라고 덧칠하여 물갈이를 하였고 인수위 출신 측근을 심었다. 부천시가 개인 소유물도 아닌데 지방권력 잡은 사람들끼리 부당거래를 하고 있다는 지적이 나돌고 있다. 낙하산 인사는 부당거래의 상징적이다. 앞으로 법 테두리 내에서도 부당거래는 이루 말할 수 없을 정도로 많을 것이다.

권력층·특권층은 보통사람·서민보다 부당거래할 것이 많다. 보통 사람들은 먹고살기에 허리가 휘고 세금내기 바쁠 뿐이고 정치인들은 부당거래로 한몫 챙기는 데에는 물불을 안 가린다. 정치인을 혐오하는 데는 이유가 있다. 물론 부당거래를 안 하는 정치인도 있겠지만 쉽게 찾을 수 없다는 게 문제다.

공무원과 민원인 간의 부당거래 역시 심각하다. 각종 인·허가권과 규제·단속권을 갖고 있기 때문에 이권과 관련된 유혹에 빠지기 쉽다. 더러운 짓, 나쁜 짓을 하다가 구속되는 공무원을 보면 혈세 내는 것이 아깝다고 한다.

시의원과 공무원 간의 부당거래는 열거할 수 없을 정도로 많다. 행정사무감사가 날카로웠으면 한다. 부천시·시민을 위한 행정감사보다는 권력 눈치, 공무원 눈치 보는 행정감사를 누구도 원하지 않는다.

어설픈 감사를 하는 시의원은 능력이 없거나 공무원에게 약점을 잡혔나 하는 괜한 오해를 받을 수 있다. 시민단체의 매서운 비판이나, 언론의 균형 잡힌 보도, 비판이 없을 때 정치적 거래나 아니면 뒤로 돈을 받았나 하는 부당거래 의심을 받는 것과 마찬가지다. 비판받지 않은 지방권력은 부패할 수밖에 없다.

사회에 만연한 부당거래의 끈을 끊고 부천시민을 위한 시의정을 하는 시의원이 많아 제주도 의정연수에서 정도를 벗어난 일탈 행위

'쾌락의 밤'이 다가 아니라는 것을 보여 줬으면 한다. 부당거래 안 해서 '왕따'가 되는 시의원은 시민에게는 좋은 의원이다. 왕따 시의원 뒤에는 부천시민이 있다.

초대받지 못한 손님, 대성통곡

임 의원 화장장 반대처럼 뉴타운 반대(?)

강추위가 맹위를 떨치는 15일, 시청 앞을 지나가다가 어깨띠, 머리띠를 두르고 장외투쟁하는 분들을 보면서 기승을 부리는 강추위가 누그러졌을 때 했으면 하는 생각을 잠시 했다. 절박한 것을 알지만 혹독한 추위에 고생하는 것이 마음에 걸렸기 때문이었다.

그러나 그들의 분노와 투쟁은 강추위나 사람들의 시선에 아랑곳하지 않았다. "뉴타운 반대"를 외치는 어르신을 보면서 가슴이 뭉클했다. 기온이 영하 10도 안팎까지 떨어지는 매서운 추위 속에서 부천뉴타운·재개발비상대책위연합(이하 비대위)은 시청 앞에서 장외투쟁을 한 것이었다.

손학규 민주당 대표, 민주당 국회의원들이 한나라당의 새해 예산안 강행처리에 반발하여 장외투쟁을 하는 것과는 다르게 보였다. 물론 불어 닥친 한파에 정치인들도 고생하지만 그들은 특권층이라 정치적 행위를 하고 나서 따뜻한 사무실에서 기름진 밥을 먹을 수 있다. 보좌관들의 수발을 받으면서 '예산 날치기' 후폭풍에 따른 언론 동향을 살피고 있을 것이다.

비대위의 투쟁은 삶의 터전을 지키겠다고 하는 것이다. 구시가지에 사는 주민들은 뉴타운 사업에 대한 지식이 해박하다. 집에서 키우는 개도 뉴타운 관련법을 외울 정도다. 뉴타운 사업을 하자고 하는 주민과 뉴타운 사업을 하면 삶의 터전을 잃고 정든 부천을 떠나야 하니 하면 안 된다고 하는 주민 간의 갈등으로 동네가 흉흉하다.

재개발을 놓고 지역주민들의 찬·반 갈등이 고조돼 이 꼴 저 꼴 안 보고 이사 가겠다는 주민도 있다. 정치인들은 눈치만 보고 있다. 소신 발언을 하다간 맞아 죽을 수도 있다고 한다. 그러나 정치인들이 중재를 해야 하고 뉴타운 사업으로 피해 보는 주민을 최소화하기 위해 노력을 해야 한다.

부천 원미갑 국회의원 2005. 10. 26. 재선거에서 당선된 한나라당 임해규 의원은 당선 인터뷰에서 "원미구 구시가지는 주거환경이 낙후되었고, 교육, 교통, 복지, 환경, 공원 등 도시기반시설이 부족하다. 이런 복합적인 문제를 해결하기 위해 뉴타운으로 재개발하려고 한다."고 말했고, "군데군데 지정하여 부분적으로 추진할 게 아니라, 원미구 구시가지 전역을 뉴타운으로 지정하여 단계적으로 재개발을 추진하겠다는 입장이다."라고 밝혔었다.

18대 총선에서 임해규 의원은 "뉴타운 개발을 위한 용적률 완화와 고도제한 조정, 전세대란 예방을 위한 '공동임대주택단지' 조성 등을 약속한다."고 말했다. 최근 부천시와 국회의원 간 조찬간담회에서 임해규 의원은 "뉴타운의 부작용을 최소화하면서 진행하기 위해 더 많은 점검과 검토가 필요하다."고 말했다. 모든 주민들이 공감하고 동의하는 뉴타운 건설을 하자는 의도를 가지고 있는 듯하다.

한때 뉴타운하면 재산이 늘고, 살림살이가 나아지는 줄 알고 다들 좋아했지만 지금은 그렇지 않다는 것을 알게 되었다. 원주민들은 뉴타운 사업이 부메랑으로 자신들의 뒤통수를 치리라는 것은 꿈에도 모르고 있었다.

임해규 의원도 처음에는 적극적으로 뉴타운 사업을 지지했지만 반대 여론과 사회적 약자 원주민의 재정착률을 높이기 위한 고민 때문에 뉴타운 사업을 점검과 검토를 하자는 방향으로 바뀐 것 같다. 뉴타운 사업을 찬성하는 쪽은 뉴타운 사업을 등한시하고 우유부단한 행동과 당선 후 공약을 지키지 않았다고 맹비난을 하고 나섰다.

부천 소사구의 차명진 의원은 지난 수년간 주택법 개정안, 도시 및 주거환경정비법 일부개정법률안 등을 발의하며 부천 뉴타운을 지원하기 위해 눈부신 활동을 한 반면 임해규 의원은 뉴타운 관련 활동이 거의 없었다고 비판을 서슴지 않고 있다. 비판을 하는 주민들에 임해규 의원은 할 말이 있을 것이다. 노력하지 않은 것은 아니었다. 장고를 하다 보니 명확한 답을 제시하지 못했을 뿐이었다.

뉴타운·재개발 문제와 관련해서 그동안 근본적인 해결책을 내놓기는커녕 서로 시한폭탄을 돌리고 있었다. 시한폭탄이 드디어 터지고 말았다. 초대받지 못한 손님(비대위)이 한나라당 원미갑 당원협의회 사무실을 항의차 방문했다. 운이 나쁘면 뒤로 넘어져도 코가 깨진다고 추위에 떨고 온 비대위 주민들은 따뜻한 사무실에서 국회의원, 시의원, 당원들이 디저트와 떡, 김밥, 어묵으로 송년회를 하고 있는 것을 보고 말았다. 비대위 주민은 피가 거꾸로 솟구쳤을 것이다. 연평도 포격으로 뒤숭숭한 분위기를 감안해 조촐한 송년회를 하고 있었다. 국회의원, 시의원, 당원들은 억울했을 것이다. 아닌 밤에 홍두깨라고, 자다 날벼락을 맞은 듯한 표정을 지을 수밖에 없었을 것이다. 비대위 주민이나 한나라당 당원은 서로를 잘 아는 동네 이웃이었다. 그런데 아수라장이 되었다. 조촐한 송년회를 찾은 한나라당 당원 어르신들은 몸 둘 바를 몰랐다. 강추위에 떨면서 국민의 대표이고 사회적 약자의 대변인 국회의원이 찾아올 줄 알고 기다렸다는 비대위 어르신의 울부짖는 목소리를 듣고 있던 한나라당 당원 어르신들은 뭐라고 할 말이 없었을 것이다.

누구의 행동이 옳고 그름을 말하고 싶지 않다. 비디오 영상(http://www.ndocutv.com)을 보면서 어떻게 이런 일이 일어날 수 있는지 어안이 벙벙했다. 다만 첨예한 이해관계에 놓여 있는 뉴타운 사업에 훈수를 할 수 없는 입장은 알지만 국회의원이 바빠서 참석 못 했다면 보좌관 아니면 시의원이라도 참석하여 그들의 손을 잡아 줬으면 사무실을 찾아와서 대성통곡을 하지 않았을 것이다.

임해규 의원은 화장장 백지화에 힘을 실었다. 역곡 주민이 소수이지만 소수의견을 존중하고 피해를 주면 안 된다는 소신을 가지고 있었다. 뉴타운 사업에도 소수이자, 사회적 약자인 비대위 손을 들어 줄 수 있을지 궁금하다. 정치적 계산을 하다 보면 쉽게 내릴 수 있는 결정은 아닌 것 같다.

초대받지 못한 손님, 비대위, 경찰은 추운 날 개고생(표준어임)을 했다. 초대받은 당원은 얼굴이 화끈거렸을 것이다. 경기도당에서 기획하고 음식비용도 정당에서 지불하는 송년회에 초대받지 못한 한나라당 당원은 황당한 비디오를 보면서 비애를 느꼈을 것이다. 당비 내고 초대받지 못한 당원은 당원도 아닌가? 한나라당 부천 원미갑 당원협의회가 하루가 멀다고 잡음만 들린다.

한나라당 원미갑 당원협의회가 내홍을 겪고 있는 것으로 알고 있다.

임해규 의원이 늘 외치는 '처음처럼' 마음과 행동을 한다면 극복할 수 있다고 본다. 권력을 잡기 전 인간적인 그 모습을 그리워하는 당원이 많은 것으로 알고 있다. 변하지 않았다고 부인할수록 '저주의 굿판'에 힘겨워할 것 같다.

한나라당 원미갑 당원협의회는 쇄신을 한다고 하는데, 제대로 쇄신을 하여 19대 총선·대선 준비를 했으면 한다. 저주의 굿판을 하는 당원을 껴안고 포용을 해야 한다. 철저하게 배척하고 배제하고 편 가르기로 가서는 19대 총선에 희망을 가질 수 없다. 한나라당에게는 원미갑은 자갈밭이다. 재보선·18대 총선처럼 기적이나 요행수를 바라면 안 된다.

아수라장이 된 한나라당 원미갑 당원협의회 사무실을 보면서 뭐라 표현할 수 없는 감정에 휩싸였다. 비대위 어르신의 "추위에 개새끼 떨듯 달달 떨었는데 너희들은 여기서 따뜻한 방에서 배불리 처먹고 있어!"라는 말씀에 가슴이 찢어지지 않을 사람은 없다.

▌정의란 무엇인가, 왜 도덕인가?

글 더럽히고, 시민 귀, 입을 더럽힌 죄 크다.

　마이클 샌델 하버드대 교수의 저서『정의란 무엇인가』가 최근 한 국에서 30만부 이상 팔리고『왜 도덕인가?』도 베스트셀러가 되었다. 상류층·권력층이 타락에 빠져 있다. 위장전입과 병역기피는 '필수과 목'이고, 탈세는 '선택과목'이라고 할 정도다. 이 책들로부터 도덕성 이 살아야 정의도 살 수 있고, 무너진 원칙도 다시 세울 수 있다는 것 을 배울 수 있었다.

　마이클 샌델의『왜 도덕인가?』책을 정치인들이 한 번은 읽어 봤으 면 한다. 바빠서 읽을 시간이 없다고 하는 분도 있는데 이번에 부천 시의원 제주도 의정연수를 보니 시간이 많은 것 같다. 노래방, 남성전 용 업소를 들락거리기보다 지역 일꾼으로 제대로 일하려면 이 책은 읽었으면 한다.

　'윤리적, 도덕적 가치가 경쟁할 수 있는 사회, 의견 불일치를 받아 들일 수 있는 사회를 만드는 것이 정의로운 사회로 나아가는 첫 단 계'라는 말이 와 닿았다. 책은 우리가 그동안 놓치고 있었던 도덕의 의미를 재조명하고 도덕이 사회 전반에 미치는 영향을 고찰했다. 또한 도덕적 가치의 기반을 이루는 다양한 자유주의 정치이론들을 검토하고 각각의 강점과 약점을 평가했다.

언행일치(言行一致)라는 말이 있다. 한국노동 부천지역지부 의장, 대통령 비서실 사회조정 3비서관, 산업인력 공단 감사, 원미갑 18대 총선 출마 화려한 경력을 가진 분이 이과수 폭포 관광 외유에다 노래방에서 도우미하고 술 먹고 노는 장면이 공중파 방송에 방영되어 부천시민을 경악하게 했다.

강모 의원은 기획재정위원회 위원이자 한국노총 부천지역 지부 기획실장이다. 또한 부천시노사민정협의회 실무위원장, 부천시 무료취업센터 자문위원도 맡고 있다. 사회적 약자, 노동자를 위해 좋은 일을 많이 했을 것이다. 그렇게 믿고 싶다.

발뺌을 하고 진실을 덮으려고 하지만 강모 의원이 제주도 의정연수에 가서 야밤에 남성전용 업소에 들락거리다가 비디오에 포착된 것은 엄연한 사실이다. 시의회에서 난장 글에 명예훼손죄, 모욕죄로 고소하겠다고 벼르고 있다고 하는데 있었던 사실을 언급할 뿐이다.

남성전용 업소 침대에서 '볼일' 보는 것을 영상으로 담았으면 빼도 박도 못하지만 '참새가 방앗간을 그냥 지나치랴'는 말처럼 찍힌 비디오 영상을 보고 나쁜 상상의 나래를 펴게 한 죄 또한 크다. 거의 완벽한 증거가 있는데도 발뺌하고 뻔뻔하게 거짓말하는 것은 정의롭지 못하고 도덕적이지 못하다. 고백하고 시인하는 것처럼 성스러운 것이 없다. 해서는 안 되는 행실을 하고 나서 아니라고 잡아떼는 것은 부천시민을 우롱하는 것이고, 정치활동하는 내내 발목을 잡을 것이다. 부천시민은 결코 그냥 넘어가지 않을 것이고 용서하지 않을 것 같다.

김준영 씨는 부천시정운영공동위원회 위원이고 한국노총부천지역

지부 의장이다. 정치인이 아니라고 하지만 부천 노동자를 대변하고 시정에 막대한 영향력을 발휘하고 있다. 정치적 중립을 지킨다고 하지만 김경협 씨하고는 노동자 동지이자 학연으로 얽혀 있다고 본다. 강모 시의원 선거 때는 유세차에서 직접 연설까지 했다. 절망스럽다. 권력이 뭔지는 모르지만 사회적 약자, 노동자를 위한다면 먼저 정의로워야 하고 도덕적이어야 하지 않나. 그래서 김준영 의장에게 감히 묻고 싶다. 이런 일이 있을 때 한국노총부천지역지부의 입장이 어떠한지.

늘 노동자의 권익을 대변하는 세 분이라고 생각하고 싶다. 귀족노조, 정치노조 소리는 듣기 싫을 것이다. 그러나 일부에서는 노동자를 이용한 정치, 노동자를 이용한 귀족생활에 초심을 잃었다고 안타까워하는 시민이 있다.

단순 비교일 수 있지만 홍 전 시장의 중국 발마사지 사건이 터졌을 때 지역언론, 시민단체 난리가 아니었다. 발마사지를 퇴폐영업소에서 받은 것이 아니었음에도 불구하고. 30초, 1분을 있었던 남성전용 업소를 들락거린 것은 입이 열 개라도 할 말이 없다.

김경협 씨, 김준영 씨, 강모 의원 일면식이 있고 커피 한 잔을 하면서 담소를 나눈 적이 있다. 개혁, 진보 의식을 가진 분들이고 나름대로 도덕적 기준이 높은 줄 알고 있다. 강모 의원의 일탈에 부천시민이 더 절망하고, 당황해하는 이유가 여기에 있다.

백 번 양보해 단순히 남성전용 업소를 들락거리고 안에서 '볼일'을 보지 않았다 치더라도 '도덕적 해이'로 파장이 만만치 않다. 그런데 뒤에서만 소곤소곤하고 문제 제기를 하지 않는다. 지방권력을 잡은 단체, 개인의 힘 때문인가.

야권 단일후보로 지방권력을 잡은 김만수 시장은 부천시정운영공동위원회로부터 도움을 받고 시민단체와의 특별한 관계로 시정 운영하는 데 편안할 수도 있겠다. 예전 같으면 여기저기 들고 일어날 이슈가 한두 개가 아닌데 말이다. 균형감각이 있는 비판을 기대한다.

이러다 곪아 터지는 것은 아닌지 모르겠다. 시민단체나, 보수·진보단체에서 여·야, 당을 떠나 시의원이 잘못된 행동을 했으면 성명서 정도는 발표해야 하지 않나. 도덕적 딜레마를 피하려 하지 말고, 직면해서 고민하는 것이 곧 정의라고 한다.

어떻게 하면 피해갈까 묘수를 짜거나 잡아떼고 시간만 흘러가면 부천시민이 잊을 것이라는 착각을 안 했으면 좋겠다. 인터넷 시대라서 동영상이나 글은 결코 지워지지 않는다. 감춘다고 감출 수도 없다. 부천시민이 강모 의원 입을 주시하고 있다. 어떤 말을 할지.

23일부터 행정사무감사다. 시의회는 어수선하겠다. 행정사무감사로 한 건 해야 한다는 부담감도 있을 것이고, 도덕적, 법적으로 흠결이 있는 의원은 가시방석이겠다. 무분별한 사업 추진, 위법한 수의계약, 부적절한 경상경비 집행 탈탈 떨면 따질게 한두 개가 아닐 것이다. 공무원도 마찬가지로 도덕불감증이 심각하다.

요즘 광저우 아시아 경기에서 멋진 모습을 보여 주는 박태환, 정다래 선수 때문에 스트레스가 풀린다. 행정사무감사를 보면서 우리 동네 일꾼 잘 뽑았다는 주민이 많았으면 좋겠다. 그래야 선거 때 도와주고 뽑아 준 보람이 있지 않겠는가.

때와 장소를 가리지 못하고 아무 데서나 즐긴 시의원이 괜스레 밉다. 글도 더러워지고, 부천시민의 귀, 입을 더럽힌 죄 크다고 할 수밖에 없다.

▌마사회! 동네장사(실내 경마장) 이젠 그만!

경마 · 경륜 · 경정이 과연 레저일까?

1980년대 한국문학을 새로 규정하게 만든 하일지의 포스트모더니즘 소설 『경마장 가는 길』을 읽은 사람도 있을 것이고, 강수연, 문성근, 김보연이 출연하고 장선우 감독이 연출한 영화를 본 사람도 있겠다. 오래전에 본 영화지만 그때 나름대로 화끈한 영화라서 기억이 생생하다. 포스트모더니즘은 별개로.

소설과 영화를 보는 내내 '경마장이란 무엇인가?'란 질문을 가질 수 있다. 그런데 주인공 R과 J가 한 번도 경마장엘 찾아가거나 마권으로 사러 가는 모습을 볼 수 없다. 요즘 경마를 가까운 곳에서 즐길 수 있다. 도박을 즐기는 사람은 실내(스크린) 경마장이 생겨 굳이 서울경마공원으로 갈 필요가 없어 좋다고 하지만 도시 중심에 똬리를 튼 실내 경마장 때문에 지역주민의 고통은 이만저만이 아니다.

공기업인 한국마사회는 서울경마공원과 부산경남경마공원, 제주경마공원을 운영하고 있다. 도심 곳곳의 실내(스크린) 경마장을 포함해 전국적으로 이러한 경마장을 찾는 연인원이 2,000만 명에 달한다고 한다. 마사회는 경마장을 찾는 것은 레저의 일환으로 경마를 건전하게 즐기는 것은 여가생활이라고 한다.

경마가 시민들의 건전한 일상생활의 일부이고, 일부 중독된 사람은 별도로 치료를 받도록 해야 하지만 경마 자체를 매도할 필요는 없다고 본다고 김광현 한국 마사회 회장은 언론과의 인터뷰에서 말했다. 게다가 마사회는 경마를 통해 벌어들이는 수입 등으로 연간 1조 3,000억~1조 4,000억 원에 달하는 세금을 내고, 이 외 매년 200억 원 정도를 장학금으로 내어 형편이 어려운 학생들을 돕고 있다고 한다.

이 말을 곧이곧대로 받아들인다면 원종동 주민들과 지역정치인들이 합세해 원종동 실내경마장 폐쇄를 강력하게 요구하고, 김만수 시장이 부천시민에게 소통을 내세우면서 솔로몬의 지혜를 달라고 애걸하는 이유를 찾지 못하겠다.

원종동 주민들, 지역정치인들은 붕괴사고 이후 사행심과 도박 등을 유도하는 서민생활을 황폐화시키는 시설이라고 단정하고 이참에 부천에서 영원한 추방을 위한 폐쇄를 주장하며 부천시에 폐쇄를 위한 행정적 조치를 강력히 촉구하고 나섰다. 하지만 행정적 조치를 취할 수 있을지는 의문이다.

마사회는 영업이득에 따른 지방세로 매년 평균 22억 원을 납부하고, 2017년까지 전세권이 이뤄진 상태로 정상적인 법적 절차에 의해 영업을 하고 있어 법적으로 문제가 없어 영업을 강행할 것이라고 하고, 주민들은 무조건 폐쇄를 요구하고 있어 김만수 시장은 답답한 심정으로 그저 바라만 보고 있을 수밖에 없다.

부천시가 강제 폐쇄할 경우 행정소송은 물론, 영업손실에 따른 손해배상 소송에 휘말리게 될 수 있다고 한다. 사행성 사업이 서민생활 황폐화한다고 감정적으로 폐쇄를 요구하는 것이 해법은 아닌 것 같다. 여론형성으로만 헤쳐 나가기에는 한계가 있다. 마사회가 결단을 내려야 한다. 마사회 입장에서는 여기서 밀리면 전국 실내 경마장 문 다 닫아야 하기에 진퇴양난일 수도 있겠다.

그동안 주말이면 교통체증, 불법노점, 불법전단지 살포 등으로 주 거생활에도 막대한 지장을 받은 원종동 주민들의 한(恨)이 맺힌 분노 의 소리를 누가 들어주었나? 포장마차 불법영업, 불법주정차로 '인산 인해', '안전사고 무방비'에 부천시는 행정지도를 제대로 했는지, 지 역 정치인들은 무슨 노력을 했는지 모르겠다. 경마장 이용객에 의한 기둥 균열을 보면 다른 문제도 만만치 않았을 것이다.

한국마사회는 1995년 원종동에 실내경마장을 설치할 때 반대운동 을 전개한 주민에게 투자비를 회수하면 3년 이내에 자진 이전 철수하 겠다고 약속을 한 후 15년이 지난 지금까지도 약속을 지키지 않고 있 었는데 균열 소동 이전에 마사회가 약속을 지키도록 지역 정치인이 어떤 역할을 했는가? 카메라 플래시만 터지면 뛰어나오는 정치인의 책임이 크다.

도박으로 패가망신한 연예인이 한둘이 아니다. 아직도 외국을 전 전하면서 돌아오지 못하고 있다. 도박(gambling, 賭博)은 결코 레저로 즐길 일은 아니다. 고스톱도 못 치는 사람에게 딴 나라 이야기일 수 도 있지만 도박장에서는 환호와, 탄식, 욕설, 절망이 뒤범벅이다. 한 탕주의 탐욕에 의해 일그러진 인간의 욕망을 볼 수 있다.

참여정부 시절 합법적인 성인용 게임 '바다 이야기'가 서민생활을 피폐하게 만들었듯이 경마·경륜·경정도 다를 바가 없다. 건전한 사 회를 만들기 위해 우리 사회에서 반드시 추방되어야 할 해악임이 분 명함에도 사행성 산업이 고부가가치 산업, 레저 서비스산업, 관광산업으로 각광을 받고 있고 공기업에서 공격적으로 사업을 추진하고 있다는 것이 문제다.

그나마 다행스러운 것은 한국마사회는 사행성 시비를 벗어나지 못하고 있는 '실내(스크린) 경마장' 공급을 억제할 방침이라고 한다. 경마 카지노 위락 레저 등과 같은 사업성이 검증된 서비스 분야를 글로벌 산업으로 키우면 국부(國富)를 늘리는 데에 도움이 된다고 믿는 마사회는 동네장사(실내 경마장) 그만하고 글로벌 사업에 신경을 더 쓰기 바란다.

서울경마공원과 부산경남경마공원, 제주경마공원 이어 네 번째로 경북 영천에 3만 관중이 들어갈 수 있는 규모의 경마공원을 신설할 것이라고 한다. 알짜배기 공기업(한국마사회)이 동네 상권에 들어와서 주민들을 도박으로 신용불량자로 만들고 가정을 파괴해야겠는가? 공기업 정신을 망각하는 것이고, 이런 짓은 공기업의 윤리경영도 아니다.

대기업슈퍼마켓(SSM)의 출현으로 동네 구멍가게들이 벼랑 끝으로 내몰리고 있다고 아우성이다. 구멍가게 운영하는 서민의 생계를 위해 SSM 규제 법안이 통과될 것으로 기대된다. 공기업은 국민의 혈세로 국민 편익을 도모하기 위해 국가 공익 차원에서 운영되는 기업을 말한다. 대기업이 서민 생계를 외면할 수 없도록 법으로 규제하는 마당에 공기업이 주민을 도박의 나락으로 떨어뜨리면 되겠는가.

공기업 정신을 운운하고 싶지 않다. 신이 내린 직장에서 '신도 모르는 직장', '신도 부러워하는 직장', '신도 다니고 싶어 하는 직장'에 근무하는 사람들은 도박으로 패가망신하든 말든 고임금과 복지혜택으로 즐겁기만 할 것이다.

원종동 주민들의 한(恨)이 풀렸으면 한다. 어렵더라도 마사회가 결단을 내려야 한다. 정치인들이 늘 민원에 관심을 가지고 시민들의 고통을 헤아려 줬으면 한다. 카메라가 들이대고 언론이 관심을 가지면 맨 앞에 서서 소리만 지르지 말고.

김만수 시정 메모에 '부천무형문화엑스포 어떻게 처리해야 좋겠습니까?', '문예회관, 화장장 어떻게 처리해야 좋겠습니까?' 같은 글귀도 보고 싶다. 진짜 소통은 이런 것이 아닐까? 시정 메모가 한쪽으로 쏠리지 않았으면 좋겠다.

공천, '슈퍼스타 K2' 가능하나

계보정치 · 보스정치, 공천 지분 포기할 수 있을까?

트위터 · 페이스북 등 소셜네트워크서비스(SNS)로 무장한 대중 때문에 어떤 직업을 가진 사람이 피곤해할까? 정치인이라고 볼 수 있다. 정치인의 일거수일투족을 감시하고 비판하는 네티즌이 많을수록 정치 지형 변화는 예상되지만 정치인은 힘들어한다. 벌거벗은 임금님 신세가 된다. 물론 정치신인이나 개혁적인 정치인은 좋아할 수도 있다.

공중파 방송에서 큰 이슈를 터뜨리고 지역구에서는 선거 몇 달 전에 활동해도 된다는 안일한 생각으로 정치하는 국회의원은 요즘 없을 것 같다. 스마트폰, 트위터 등 모바일 혁명의 시대에 살고 있는 작금에는 소셜네트워크가 공중파 방송, 주요일간지 못지않은 여론 형성을 하고 있다.

디지털 세대는 소셜네트워크를 활용해 권력이나 자본에 지배받지 않고 여론 조성을 한다. 네티즌은 권력자로부터 자유로우니 표현 역시 자유롭다. 무서울 정도다. 거대 자본 언론매체가 여론을 좌지우지하던 때는 지났다.

기성 정치인들이 모바일 혁명의 세상에 긴장하고 있다. 19대 총선,

대선은 디지털 세대에 달려 있다고 해도 과언이 아니다. 인증샷을 날리며 투표를 독려할 것이다. 변화를 받아들인 정치인만이 도전할 기회를 가질 수 있고 승리자가 될 수 있다.

낙하산식 공천을 고집하고 경쟁력 있는 인물 선택보다는 계보정치를 하는 정당은 19대 총선과 대선에서 희망이 없다. 그래서 2012년 4월 실시되는 19대 국회의원 선거를 앞두고 여야가 앞다퉈 '공천 개혁'을 기치로 내걸었다. 상향식 공천을 하지 않으면 국민으로부터 외면받을 수 있다는 현실을 직시한 것이다.

한나라당이 '공천 혁명'의 칼을 빼 든 이유는 국민에게 공천권을 되돌려 주지 않고서는 계파갈등이 첨예해 대선까지 갈 것도 없이 총선 전에 당이 분열될 것을 두려워하기 때문이다. 전략공천, 계보공천으로는 디지털 세대에게 감동을 줄 수 없고 구태의연한 모습으로 국민에게 지지를 호소할 수 없다. 밀실공천은 트위터·페이스북 등 소셜네트워크서비스(SNS)로 무장한 대중이 더 이상 용납하지 않는다.

한나라당 공천개혁특별위원회 위원장인 나경원 최고위원은 19대 총선에서 국민경선제를 도입하는 것과 관련, "당 변화의 시작"이라고 밝혔다. 또한 "지난 18대 총선 후보공천이나 6월 2일 지방선거 후보공천 모두 다 문제가 있었다."고 말했다.

2012년 19대 국회의원 선거 공천 때부터 국민경선을 통해 국회의원 후보자를 선출한다고 하지만 이 같은 개혁안이 공천제도로 채택되기까지 정치인 개개인의 정치적 이해관계가 얽히고설켜 있어 난관이 적지 않다. 당내 계파갈등이 19대 총선 공천을 계기로 폭발할 수 있다는 전망이 나오는 만큼 현재 모든 계파가 공감하는 공천안을 내놓는다는 것이 쉽지 않다.

한나라당 나경원 국민지향공천개혁특위 위원장은 국회의원 공천의 경우 대의원 20%, 일반당원 30%, 일반국민 30%, 여론조사 20%의 비율로 국민경선을 실시해 후보자를 공천하자는 계획을 내놓았다.

정치에 불신이 깊은 국민은 이것을 액면 그대로 받아들이지 않는다. 현역의원의 입김이 미치는 대의원과 당원 비율이 너무 높아 말만 국민경선이고 현역의원의 기득권을 더 견고하게 한 공천 방안이라고 한다. 이런 아날로그 방식을 따른다면 공천 개혁이라고 할 수 없다. 대의원, 당원 확보를 위해 구태의연한 모습이 재연될 게 뻔하다.

대의원 20%, 일반당원 30%이면 일단 현역의원이 50%를 먹고 들어가는 것이다. 여론조사의 객관성을 누구도 보장할 수 없다. 기득권을 가지고 있는 현역의원이 불리한 여론조사 방법을 채택하지는 않을 것이다. 결국 하나 마나한 경선이 될 수 있다. 국민경선을 하려면 제대로 해야 한다. 당원 10%, 일반국민70%, 여론조사 20%는 어떨까?

그리고 아날로그 스타일인 당원 동원하는 것은 필연적으로 고비용 선거 구조로 갈 수밖에 없어 정치에 뜻이 있어도 재력이 뒷받침되지 않은 정치신인은 경선에 참여할 수도 없다. 또한 경선에 앞서 당비를 내는 책임당원을 선정하고 선거인명부를 작성하는 과정에서 현역의원은 '작전'을 펼칠 게 뻔해 잡음이 불거질 수밖에 없다는 것이다.

허각 신드롬이 생겨난 데 대한 분석은 다양하지만 만천하에 공개되는 심사위원들의 평가와 합의과정까지 공개된 슈스케 운영의 투명성도 한몫 했다고들 한다. 사회적 약자, 정치 신인도 경선에 참여할 수 있다는 것을 투명하게 공천과정을 보여 주면 안 될까? '슈퍼스타 K2(슈스케)'는 공평했다.

기득권층은 결코 모든 것을 오픈하지는 않을 것이다. 권력자들은 밀실에서 주고받는 것이 있어야 권력을 휘두른다고 느낀다. 권력을 지키기 위해서는 적당한 투명성 속에서 쇼를 하는 것이 필요하다고 생각한다. 슈퍼스타 K2(슈스케)처럼 모든 과정을 카메라를 들이대 공정함을 보여 주지 않는 한 공천 개혁은 공허하다.

이재오 특임 장관부터 사과를 하고 다녔다. 대선 전이라 공천 학살은 아니라도 공천 지분 때문에 치열한 암투가 펼쳐질 것이다.

공천제도가 문제가 있는 것이 아니라 그걸 얼마나 공정하게 제대로 운영하느냐에 달려 있다는 것을 18대 총선 공천과정에서 봤다. 친이든, 친박이든 서로를 못 믿고 있기 때문에 '공천 혁명' 카드를 들고 나와도 서로의 속셈을 파악하기에 바쁘다. '공천 혁명'을 한다고 하지만 투명하지 못한 과정은 분열을 가져오고 불신만 쌓이게 한다.

6·2 지방선거에서 공천을 받았건 낙천을 했건 공천과정이 투명하고 공정했다고 느낀 후보는 거의 없었을 것이다. 부천은 '공천 혁명'으로 공천방식이 바뀌더라도 김문수 지사 측근들이 공천받을 확률이 높다고 한다. 비밀 아닌 비밀은 계보, 보스 정치가 존재하는 한 공천 지분이 있다는 것이다. 측근 '이대로' 총선까지 갈지는 두고 봐야 할 것 같다. 여론이 향방을 결정할 것 같다.

총선 공천 지분 기득권을 내려놓으면 공천 개혁이 이루어질 수 있다. 과연 현실정치에서 공천 지분을 포기할 정치인이 있을까? 현역 국회의원들이 슈퍼스타 K2(슈스케)처럼 오픈된 국민 경선을 받아들일까? 별들에게 물어봐도 그건 아니라고 할 것 같다.

소셜네트워크로 들고 일어나 '국민 뜻대로' 하게 해 달라고 해야 한다. 그러지 않으면 정치는 바뀌지 않는다. 부천시민도 구태에 젖은 정치인보다 젊고 참신한 정치인을 원하는 것 같다. 여든 야든 '민주화 운동' 훈장을 달고 구태정치를 하는 것을 더 이상 보고 있을 수 없다는 시민이 많다. 민주화 운동권 출신이 기성 정치인보다 깨끗한 정치를 하는 것은 아닌 것 같다.

▌볼륨을 높여라(Pump Up The Volume)!

정직한 정치지도자를 원한다.

정치공세에 의해 국정감사가 제대로 되고 있지 않는 것 같다. 감사에서 정부의 정책 집행을 점검하고 대안을 제시해야 하는데 국회의원의 선동적 구호나 상투적인 공세만 전파를 타고 있다. 존재감을 부각시키려는 의원들의 한 건주의적 행태를 보는 국민들은 속으로 "평소에 잘하지" 한 마디 했을 것 같고 잘못 뽑았다고 후회하는 국민도 적지 않을 것이다.

상식선에서 이해할 수 없는 민주당 정치공세에 웃음이 나온다. 4대강 사업 때문에 배추 값이 올라 서민들이 고통을 받고 있다는 허무맹랑한 주장은 국민들을 속이겠다는 발언 치고는 유치하다. 배추 값 인상이 왜곡된 유통구조 때문이라는 것은 알 만한 사람은 다 안다. 정략적인 공세로 일관하는 '정치국감'을 지양하고 서민생활 안정에 도움이 되는 '정책국감'을 언제 볼 수 있을는지.

유권자여, "볼륨을 높여라(Pump Up The Volume)!"라고 하는 이유는 국회의원 의정활동에 평소 관심을 가지고 비판의 소리를 높이라는 것이다. 비난·헐뜯기가 아니라 정당한 정치행위를 하지 않을 때 비판을 해 줘야 한다. 그러나 현실정치에서 유권자는 말할 것도 없고, 당원들이 의원을 비판하기가 쉽지 않다. 측근들이 눈에 불을 켜고 비판을 하면 벌떼처럼 덤벼들어 왕따를 시키거나 권력을 이용해 배제시킨다.

한나라당이 7월 전당대회를 앞두고 당헌·당규에 따라 당협위원장 선출을 했는데 전형적인 요식행위였다. 당협위원장이 임명한 운영위원에게 재신임을 묻는데 어느 누가 "당신은 아니오."라고 할 수 있을까? 정당의 주인은 당원인데 위원장 눈 밖에 난 사람은 무늬만 당원이다.

지역에서 아무리 뛰어난 활동을 해 온 당원이라도, 당의 노선과 이념을 같이하더라도, 능력이나 당에 대한 기여도가 있다 하더라도 당협위원장의 수족이 되지 않으면 대의원이 될 수가 없다. 지역에서 당을 위해 활동을 하는 대다수 당원들의 의사를 반영할 통로가 위원장의 호불호 관계에 따라 결정된다.

당헌·당규는 정당의 이념을 실현하고, 당의 화합과 국민의 신뢰를 얻기 위해 매우 중요하다. 특히 각종 선거에 출마하는 후보를 선출하는 절차와 방법을 규정하고 있어 많은 사람들이 관심을 가지고 있다. 그러나 제왕적 위원장은 권력을 이용해 당의 화합보다는, 국민의 신뢰를 얻기보다는 분열, 불신을 조장하고 있다.

7월 전당대회에 참가했던 대의원 명단도 당협위원장 영향권 아래에서 이루어졌다고 본다. 대선 경선 후보가 죽어라 당협위원장에게 매달리는 이유가 여기에 있다. 지방선거 경선 때 당원을 모아놓고 공정한 경선이라고 하면서 상향식 공천 형식을 띠었다.

공정한 경선 형식을 띠었지만 위원장 의중이 거의 반영된 경선 결과가 나왔다. 절차적 민주주의 생색만 낸 것이다. 지금 생각하면, 보좌관 공천 주기 작전에 들러리 선 사람들은 참 순진했던 것 같다. 눈을 뻔히 뜨고 당하는 경우다. 당원이 뽑았다고, 천만에 은밀한 작업을 안 했다고 부인하지만 알 만한 사람은 다 알고 있다.

유권자들의 인식 변화에도 불구하고 구시대적 공천 관행은 시민들의 의식 수준의 변화와 발전을 따라가지 못하는 것은 물론 후보 공천 과정에서 공천심사위원 스스로가 당헌·당규를 무시하거나 가장 민주적이고 공정해야 할 공천이 이른바 '밀실공천', '보은 공천'으로 얼룩져 후보자들의 반발을 자초하는 등 우리나라 정당 정치의 폐해를 그대로 드러내었다.

축구시합을 하는데 심판이 시합 중에 하나씩 새로운 룰을 만들어 가고 주심(위원장)이 부심(보좌관)을 시합에 뛰게 하면 게임이 되겠는가. 보좌관이 경선을 한 달 앞두고 예비후보로 등록하고 법적으로 문제가 없다며 보좌관 월급을 챙겨 가면서 선거운동을 했다. 공정하지 못한 경선은 둘째 치더라도 정책 보좌를 하지 않고 자기 선거운동을 하면서 혈세를 그것도 2달 동안 1천만 원 이상 받아 가는 경우가 어디 있나. 의원하겠다는 사람 치고는 부도덕, 비양심의 극치였다.

혈세를 우습게 아는 국회의원이 감사에서 예산 낭비하지 말라고 고관대작을 호통칠 수 있을까? 일 안 하고 혈세 챙겨 간 시의원이 시의회에서 공무원들에게 혈세 낭비한다고 따질 수 있을까? 더 웃기는 것은 떳떳하지 못하니까 위원장은 "보좌관이 나가고 싶은데 막을 수 없었다."고 했고 보좌관은 "나가고 싶지 않은데 위원장이 나가라고 해서 어쩔 수 없이 나갔다."고 했다. 경쟁하던 후보자를 우롱했고 당원들을 기만했다.

당협위원장 선출 권한을 당원들에게 돌려주어야 한다. 당협위원장을 직접 선출하게 해야 한다. 제왕적 위원장 눈치에, 권력에 눌려 당원들이 기를 펼 수 없다. 반민주적인 당 운영을 바꿀 수 있는 유일한 방법은 당협위원장을 당원들이 직접 뽑는 것이다. 측근의 거수기로 통과시키는 요식행위 말고. 당원을 주인으로 섬기는 당으로 거듭날 수 있었으면 한다.

체육관 선거를 반대한 민주화 운동권 출신 위원장들이 자기 편 몇 명 모아놓고 체육관 선거 못지않은 위원장 선출방식을 따르는 것에 부끄럽지는 않은지. 당헌·당규에 따라 했을 뿐이라는 핑계는 초심을 잃었다는 방증이고, 손바닥으로 하늘을 가리는 것과 같다. 정치 지도자, 정치 엘리트들이 바뀌어야 한다. '공정한 사회' 말로만 하지 말고 실천을 해야 한다.

18대 총선 공천심사위원들은 '공천 학살'로 친박계를 대거 낙천시켰다. 박근혜 전 대표의 유명한 말이 있다.

"나도 속았고 국민도 속았다."

'공천 학살'은 부인할 수 없는 사실인 것 같다. 이재오 특임 장관이 친박계 의원모임인 '여의포럼'에서 친박계의 대거 낙천과 관련해 "총선 공천 과정에서 서운한 일이 있었다면 (친이계) 좌장으로서 결국 제 책임"이라며 "이 자리를 계기로 잊어 달라. 미안하다."고 밝혔다.

공천심사위원으로 참여해 이재오계의 대리인 역할을 한 국회의원이 부천에 지역구를 두고 있다. 공정하지 못한 공천, 국민들이, 당원들이 수긍할 수 없는 공천의 여파로 친박, 친이의 분열로 혼란은 말할 수 없을 정도였다. 공정하지 못한 공천 때문에 친박, 친이 그동안 얼마나 싸웠나. 서로 간 신뢰가 깨져 분란의 불씨로 남아 있다.

기득권자들은 권력을 놓고 싶지 않을 것이고 어떤 일이 있더라고 지키고 싶을 것이다. 당원은 위원장의 대세에 순응하라는 압력과 권력에 맞서 잘못한 것이 있으면 당당하게 비판을 해야 하고, 유권자 역시 매서운 비판의 소리를 높여야 한다. 그러지 않으면 뭘 잘못했는지 모르고 권력에 도취돼 안하무인이 된다.

공정한 사회를 만드는 첫걸음은 정직한 정치지도자로 바꾸는 것이다. 구태 정치인이 풀뿌리 민주주의를 파괴하는 일이 없도록 해야 한다. 유권자들이 비판의 볼륨을 높이지 않으면 기득권자들은 꼼짝도 하지 않을 것이다.

유권자들이 평소에 관심을 가지고 비판하면서 검증을 해야 한다. 국회의원이 유권자, 당원을 무서워해야 한다. 민심을 두려워해야 한다. 국정감사처럼 유권자가 날카롭게 들이대지 않으면 국회의원에게는 늘 봄날이다.

'부천무형문화엑스포' 낭비성 축제 아니다

부천무형문화엑스포 VS 세계대백제전

김 시장은 취임 100일, 100인 토론회 기조연설을 하고 토론회를 가졌다. 우연히 녹화방송을 보았는데 대변인 출신답게 달변이었다. 그런데 김만수 시장이 부천을 위해 무엇을 하겠다는 것인지 파악이 되지 않았다. 나만 그럴까? 짧은 100일 동안이라 지나친 기대를 하지 않았지만 김만수 시장하면 떠오르는 게 없다.

김만수 시장은 취임 100일을 돌아보면서 가장 큰 발자취를 무상급식으로 꼽았다. '무상급식' 하면 김상곤 경기도교육감이 생각나지 김만수를 생각하는 사람은 없을 것 같다. '무상급식' 정책에 한 획을 긋고 발자취를 남긴 사람은 김상곤 교육감 아닌가.

김만수 시장은 틈만 나면 열악한 재정 여건으로 할 수 있는 사업이 없다고 우는 소리를 했다. 예산 낭비성 축제를 없애서라도 무상급식을 하겠다고 했다. 예산 낭비성 축제 타깃이 부천무형문화엑스포였다. 결국 부천무형문화엑스포 삭감예산으로 무상급식을 하였다. 시장의 부천무형문화엑스포 고사 작전에 시민들은 "집행된 예산이 아깝고 이렇게 할 것이라면 축소가 아니라 폐지를 했어야 했다."며 분노

203

를 하고 있다.

'세계대백제전'에 공무원들이 달려갔다고 한다. 부천시와 공주시는 자매도시로 자매도시 교류차원에서 다녀온 것이라고 하지만 시장이나 공무원은 보편적 균형감각을 잃은 것 같다. 부천무형문화엑스포에 시장, 공무원들이 손을 놓고 있어 잔치가 엉망이라며 시민들이 비난을 쏟아내고 있는데, 집안 잔치 손님 맞을 생각은 안 하고 눈치 없이 어딜 갔다고.

낭비성 예산 줄이겠다고 하면서 시는 입장료 등 250여 만 원의 경비를 부담하고, 시청 버스를 지원했다고 한다. 부천무형문화엑스포 폐지 검토가 표면적으로 예산 낭비성 축제라는 것 아닌가. 시민의 눈에는 자매도시 간 교류차원의 행사라고 하지만 예산 낭비성 관광으로 보인다. 시기상 적절치 못한 처신을 한 것이다.

아이를 데리고 부천무형문화엑스포에 갔다 왔다. 무형문화엑스포를 찾은 사람은 접근성, 콘텐츠 모든 면에서 만족을 하고 있었다. 세계 문화유산 걸작들을 한 자리에서 만나볼 수 있었고, 저렴한 가격에 나 역시 또 오고 싶었다. 부천에서 가족과 함께 나들이할 곳이 없었는데 이만 한 장소가 없는 것 같다.

공무원들은 지원차량으로 갔다 올 수 있지만 서민들은 공주·부여까지 갔다 오려면 10만 원 이상은 지출해야 하기에 엄두를 못 낸다. 지역 행사를 외면하고 '세계대백제전'으로 달려가게 한 김만수 시장은 부천시장 맞는가.

그리고 김만수 시장은 트위터에 "부산영화제 견학?왔습니다. 일단 해운대경관이 경쟁력이군요."란 글을 올렸다. 무형문화엑스포 대신 영화제를 집중 육성할 모양인데 해운대 경관 같은 경쟁력 있고 상징적인 자연경관이 없는 부천에서 영화제를 어떻게 문화 아이콘으로 자리매김시킬지 궁금하다.

'영혼 없는 공무원'이라고 공무원을 질타하고 싶지는 않다. 그러나 부천시민은 가라고 한 사람이나 간 사람이나 똑같다고 보고 있다. 200여 명이 '세계대백제전'으로 갔다고 하는데 그들이 쓴 돈이 혈세이다. 김만수 시장은 낭비성 예산을 줄이겠다고 했는데 어디서 줄이겠다는 것인가.

이런 것을 보면 부천시민의 마음을 읽는 것을 포기한 시장 같다. 소통은 시민의 마음을 읽겠다는 것 아닌가. 주관한 공무원들이 부천무형문화엑스포를 외면하고 '세계대백제전'으로 달려간 것을 보면서 시민들이 세금 내고 싶겠는가. 처녀가 애를 배도 할 말이 있다고 하지만 이건 아닌 것 같다.

김만수 시장은 '부천무형문화엑스포'를 낭비성 축제라고 생각하여 축소하고 폐지를 하겠다는데 '세계대백제전'은 계속 개최된다고 한다. '부천무형문화엑스포', '세계대백제전' 뭐가 다른가. 시민을 생각하고 혈세 아끼겠다는 김만수 시장의 진정성에 눈물을 흘려야 하나? 안희정 충남도지사는 '세계대백제전'을 적극적으로 홍보를 했다고 한다. 뿌리는 같은데 문화를 보는 눈은 다른 모양이다.

'세계대백제전'은 김종필 전 총리가 기획해 심대평 지사 시절 시작했고 올해 축제를 앞두고 공사가 완료되었다. 이완구 전 지사는 이 축제를 국제 행사로 키워 놓았고 안희정 지사가 마무리를 하게 되었다고 한다. 김만수 시장은 홍건표 전 시장이 한 치적이라고 정치적으로 말살하려고 하는데 안희정 도지사는 다른 것 같다.

김만수 시장은 개막식 인사말을 통해 "부천무형문화엑스포는 문화특별시를 지향하는 부천에서 문화인프라를 확대하고 기반을 다지는 소중한 계기가 될 것으로 생각한다."고 말했다. 부천무형문화엑스포는 부천시민에게 소중한 자산이다. '시민이 시장입니다.'라는 말만 하지 말고 부천시민이 부천무형문화엑스포의 개최를 결정하게 하라. 소통의 진가를 보여 줬으면 한다.

김관수 부천시의회 의장은 "우리의 소중한 문화를 지키고 그 속에서 새로운 미래를 발견하는 장이 될 것"이라고 했다. 부천무형문화엑스포에 김관수 의원만큼 막대한 영향을 발휘한 사람은 없었다고 한다. 좋은 쪽이든, 나쁜 쪽이든. 무형문화엑스포는 새로운 미래를 발견하는 장까지는 아닐지라도 소중한 전통문화를 접할 수 있는 공간임에 틀림없다.

임해규 국회의원은 "대한민국의 전통을 되살리는 계기가 되길 바라고 세계 무형문화와 대한민국의 무형문화가 한데 어우러지는 계기가 되길 바란다."며 "홍건표 전 시장님이 (엑스포를) 잘 만들어 오셨는데, 김만수 현 시장께서 김관수 시의장님과 시의원님들과 잘 계승하길 바란다."고 말했다고 한다.

개막식에서 한 말 속에 진심이 어느 정도 담겨 있을까? 작별 인사치고 너무 낯간지러운 말들이다. 정치 초년생이 아닌 사람들이기에 부천무형문화엑스포의 운명이 보였을 것이다. '부천무형문화엑스포'를 위해 무엇을 했는지 스스로 자문해 보기 바란다.

안녕이라고 말하지 마/나는 너를 보고 있잖아 그러나/자꾸 눈물이 나서 널 볼 수가 없어/안녕이라고 말하지 마/우린 아직 이별이 뭔지 몰라.

이승철 씨의 '안녕이라고 말하지 마' 노래다. 갑자기 이 노래가 떠오른다.

'부천무형문화엑스포' 이대로 사라져야 하나?

▌국회의원도 인사청문회를 하면 안 될까?

국회의원 사전에는 '인사청문회' 없다.

김태호 총리후보자는 시골 사람 특유의 소박함과 소탈함, 그리고 넉넉한 마음 씀씀이를 쉽게 느낄 수 있는 '소 장수의 아들', '농부의 아들'이었다. 인사청문회 하기 전 이야기다.

인사청문회 후 밝혀진 인간 김태호는 3년간 재산증식 10배, 경남도청 직원을 사택에 가사 도우미로 배치, 도 의전 차량의 부인 전용, 2005년 김 지사의 4인 가족이 신고한 현금영수증 사용액은 0원, 2006년 신용카드 사용액과 현금영수증 신고액이 0원. 최저생계비로 살았는데 아들은 미국서 어학연수.

총리후보자가 아니었다면, 인사청문회가 없었다면 대한민국 국민은 아직도 순박한 '소 장수의 아들', '농부의 아들'로 알고 있었을 것이다. 음메~ 소리와 워낭소리를 듣고 자란 사람 중에 이렇게 추하게 변한 사람은 없다. 정치, 권력이 그를 이렇게 만들었나 보다.

난장을 치는 저에게 "너는 얼마나 깨끗하냐."고 묻는다면, 말로만 서민 팔지 않았고, 민주화 운동 경력을 훈장 삼아 호의호식하는 위정자에게 아부한 적 없었고, 정치한다고 뒤통수 간 적도 없었고, 부끄러운 짓 한 것 없으니 이렇게 난장 치는 것이라고 말할 수 있다. 그럼 된 것 아닌가. 조금이라도 부끄러운 일이 들통 나면 자판 두드리는 것을 멈추겠다.

'농부의 아들', '소장수의 아들'이라고 소개된 총리 후보자가 끝내 자진사퇴로 물러났다. 정서상 용납되지 않는 부분이 너무 많아 "소통과 통합의 아이콘이 되겠다."는 그의 말을 국민은 받아들이지 않았다. 뻔뻔한 거짓말을 들으면서 국민들은 신뢰할 수 없는 사람으로 낙인 찍었다. 젊은이들에게 성취에 대한 꿈과 희망을 줄 수 있는 상징적 인물이 아니라 '권력을 밑천 삼아 제멋대로 산 인물'이라고 해야겠다.

인사청문회를 국회의원들한테는 왜 적용하지 않느냐 하는 의문을 가진 국민이 많을 것 같다. 인사청문회를 지역구 국회의원에게도 한다면 어떤 일이 일어날까? 국회의원도 고위 공직자와 별반 다르지 않을 것 같다. 위장전입, 부동산 투기, 병역기피, 세금탈루, 논문표절에 자유로운 국회의원이 얼마나 될까? 도덕적 잣대를 들이대면 말할 것도 없다.

민주당 원혜영, 한나라당 임해규, 차명진, 이사철 지역구 의원과 소사구에 똬리를 튼 비례대표 민주당 김상희 의원이 있다. 국회의원도 인사청문회를 거쳐 뽑자면 누가 제일 좋아하고 싫어할까? 김태호 총리후보자처럼 포장된 이미지로만 참신하고 젊은 일꾼일 수도 있고, 순결무구(純潔無垢)한 의원일 수도 있다. 원내 진입을 꿈꾸는 설훈, 김기석, 안병도 그들도 인사청문회를 원할까?

표면적으로 다들 자신 있어 하지만 떨고 있을 사람도 있을 것 같다. "털어서 먼지 안 나는 사람 있느냐."며 타협과 묵인하에 적당히 넘어갈 수 있는 시대도 아니고, 숨긴다고 숨길 수 있는 사회도 아니다. 트위터, 페이스북, 미니홈피, 블로그 등 1인 미디어를 통해 사회적 네트워크 구축되어 있어 공인들은 숨도 함부로 쉴 수 없게 되었다. 소셜미디어의 발전으로 인해 정치인은 죽을 맛일 수도 있다.

남의 흠결을 그렇게 속속들이 파헤치는 막강한 권한을 가진 국회의원이라면 마땅히 그 자신들은 깨끗하고 떳떳해야 한다. 털어서 먼지 한 점 안 나는 국회의원이 인사청문회를 하면 문제가 없다. 그러나 털어서 먼지가 날 의원은 호통치면서 속으로 '내가 이래도 되나.' 하는 분도 있었을 것이다.

국회의원도 인사청문회를 하자고 하지만 현실적으로 불가능하다. 누가 적합한 사람인지 유권자들에 의하여 검증이 되어야 하는데, 정확한 정보를 얻기가 쉽지 않다. 선거철에 주민들에게 심판을 받아 배지를 단다고 하지만 철저한 검증이 이루어지지 않는다. 흑색선전, 루머에 파묻혀 진실을 알기가 쉽지가 않았고 물타기 작전으로 흠결을 감추는 꼼수를 부리기도 하였다. 그러나 불행 중 다행인 것은 앞으로 디지털 세대는 흠결 하나하나 잡아낼 것 같다.

"털어서 먼지 안 나는 사람 있느냐?"

인사청문회에서 김태호 총리 후보자 자진사퇴하지 않았으면 그렇게 받아들였을 것이다. 신재민, 이재훈 후보자가 사퇴하지 않았으면 "사람 사는 게 다 그렇고 그런 것 아니냐?"고 했을 것이다. 도덕적 잣대가 옛날 같지 않다. 국회의원을 바라보는 시민의 눈이 달라지고 있다. 계보정치만 하고 지역구 관리에 소홀한 의원에게 주민들은 비난의 목소리를 낮추지 않는다.

이재훈 후보자는 인천광역시 부평을 4·29 재·보궐에 출마했었다. 경제전문가로서 친서민정책을 펼치겠다고 했었다. 그런데 위장전입,

노후대책을 위해 쪽방투기를 한 사람이라는 것을 국회의원 재·보궐 후보시절에는 아무도 몰랐다. 언론이 파헤치지 않았고 검증시스템이 없다 보니 국민은 감쪽같이 속고 몰랐다. 진보·보수를 떠나 국민에게 는 천만다행이다. 그때 국회의원 됐으면 위장전입, 쪽방투기했는지 누가 알았으랴.

신재민 후보자는 칼럼에 '사회적 병폐를 치유하는 데 앞장서야 할 인사들이 부동산 투기 붐에 의해 부를 축적했다는 대목에서는 우리 사회의 지배엘리트들에 대한 도덕성이 의문시된다.'고 지적했다. 제 눈에 든 들보는 보지 못한 것이다.

서민으로 위장한 고위공직자의 행태를 보면서 말만 서민이고 '공정한 사회'는 레토릭에 불과하다고 판단할 수밖에 없다. 민주화 세대 중에 '소 장수의 아들, 촌놈', '가난한 농부의 아들', '붕어빵 장사 아들' 아닌 사람 없다. 권력을 잡으면 순수한 옛 시절을 까맣게 잊어버리고 타성에 젖어 권력을 탐닉한다는 것이 문제다. 민주화 운동권 출신 중에 초심을 유지한 위정자가 몇 명이나 되나.

도덕적 잣대가 엄격해져 중앙당에서 줄 잘 잡아, 계보정치로 공천받는다고 될 일은 아닌 것 같다. 능력도 중요하지만 사회가 요구하는 다양한 도덕적 잣대까지 충족시키는 정치인이 부천시민의 선택을 받았으면 한다. 갖가지 법적·도덕적 흠결이 있는 사람이 공천받아 주민들로부터 심판받겠다고 나서는 일이 없었으면 한다.

시민들이 국회의원도 인사청문회하자는 소리가 왜 나오는지 서민생활과 동떨어진 귀족생활, 비리와 편법으로 얼룩진 자신을 보면 알 것이다. 한때 서민이었지만 권력을 잡은 후 너무 변한 위정자가 너무 싫다고 한다. 현재는 권력이 있고 65세부터 평생 월 120만 원씩을 받는 수당이 있으니 귀 닫고 내 길만 가겠다면 할 말이 없다.

오죽했으면 인사청문회 대상에 포함해서라도 도덕적으로 문제 있는 사람 걸러내자고 할까. 민주노동당 김은화 시의원이 공정하고 투명한 인사를 위해 인사청문회 제도 도입을 제안했다. 현실적으로 불가능하겠지만 시민이 원한다면 안 될 것도 없다.

보수는 쇄신하고 반성하고 있나

지금 분열할 때가 아니다.

'진보는 분열로 망하고 보수는 부패로 망한다.'는 논리가 한국 사회에서 널리 퍼져 있었다. 그런데 요즘 돌아가는 것을 보면 보수는 부패로 휘청거리고 분열로 망한다고 해야겠다. 진보세력은 선거 때만 되면 야권 단일후보를 내세우면서 단합을 한다. 6·2 지방선거에서는 재미 좀 봤지만, 7·28 재보궐선거에서는 시민들이 정당의 이념과 정책, 정체성과 자존심마저 헌신짝 버리듯 내팽개치는 후보에게 표를 주지 않았다.

6·2 지방선거를 되돌아보면 부천에서 진보는 단일후보를 내세워 지방권력을 잡은 반면에 보수는 분열로 망했다. 상대당 후보를 부패한 사람으로 덧칠하여 진보 세력들은 재미 좀 봤다. 진보답지 못한 선거전략을 생각하면 실망을 넘어 분노가 아직도 치민다. 진보·개혁 세력이라는 말이 부끄러운 행동을 하였다.

'한나라당 부천시 오정구 당협위원회 비상대책위원회가 안병도 당협위원장 퇴진을 요구하는 탄원서를 한나라당 중앙당에 접수했다.'는 언론보도를 보고 지방선거를 되짚어 보게 된다. 이제는 조직정비를 해야 하는데 왜 이런 일이 지속적으로 논란이 되는지 모르겠다. 선거 패배의 후유증에서 벗어나지 못해 아직도 분열로 갈기갈기 찢어져 구심점을 찾지 못하고 있는 것을 보는 당원들은 안타까워한다. 어째서 이런 일이 일어나는가.

지방선거의 충격적인 패배 이후 홍정욱 국회의원은 "쇄신에 앞서 이기주의, 자기모순, 안이함에 대한 통렬한 반성이 선행돼야 한다."고 했다. 쇄신분위기였지만 7·28 재보궐선거 압승 이후 쇄신은 온데간데없고 갈등에 의한 파열음은 선거 후유증으로 치부하고 당협위원장은 도려낼 살은 도려내고 새살이 돋기만을 기다리고 있다. 권력을 가지고 있으면 새판 짜기를 언제나 할 수 있다는 자신감을 가지고 있는 것 같다.

정몽준 전 대표는 "이번 선거에서 느낀 것은 정당에서 다하고 있는 공천제도를 어떻게 고쳐볼 수 있을 것인지, 지구당이라고 표현하는 당협 운영위원회를 어떻게 더 민주적이고 개방적으로 활성화시킬 수 있는지에 대해 관심이 있다."며 "당협이 사당화돼 있다고 한다면 그것은 바람직한 일이 아니다."라고 말했다.

오정구에서 당협위원장 퇴진 요구에 한나라당 당원과 보수세력은 지켜보고 있다. 계란으로 바위 치는 무모한 짓이라며 계란으로 바위만 치다가 끝날 것 같다고 한다. 보수층의 갈등과 분열은 유쾌한 일은 아니다. 화합을 해도 시원찮은 판국인데 말이다.

계란처럼 나약한 당원들이 권력을 가진 사람에게 왜 무모한 행동을 하고 있는지 한 번은 짚어 봐야 한다. 안병도 당협위원장이 밝힌 것처럼 단순히 선거를 치르다보면 터져 나오는 일부 당원들의 불평 불만인지, 아니면 정몽준 전 대표 말처럼 '당협의 사당화'에 대한 문제를 제기한 것인지.

비상대책위원회 위원장을 비롯 위원, 고문 등 당원들이 한나라당 중앙당을 방문하여 '현 안병도 당협위원장의 독선적인 지구당 운영에 승복할 수 없다.'며 위원장 교체를 요구하는 탄원서를 접수한다는 것이 흔한 일도 아니고 쉬운 일이 아니다. 애당심으로 권력에 당당히 맞서는 그들을 격려를 위해 선뜻 나설 수 없는 분위기이다. 이 바닥에서 잘못 찍히면 정치적 주홍글씨를 달고 살아야 한다. 정치에 뜻이 있는 사람에게는.

이희재 비대위 위원장은 "당원 위에 군림하려는 위원장과는 같이 갈 수 없으며 현재의 조직과 민심을 가지고는 오는 2012년 총선의 결과는 패할 것이 뻔하다."는 입장을 표명하고 있다. 오정구 원혜영 국회의원은 거물급 정치인이다. 지방선거에서 뚝심으로 밀어붙여 자기 계보를 심는 힘을 보여 주었다. 김만수 시장은 당선으로 보답을 했다. 오정구는 보수가 쉽게 뿌리내릴 수 없는 자갈밭, 아니 거의 바위 덩어리다. 한나라당에게는 난공불락(難攻不落)이다.

이런 지역구에서 불협화음이 표출되었다. 2012년 총선이 오정구에만 힘든 상황이 연출될 것 같지는 않다. 김만수 후보가 시장으로 당선되고 게다가 도의원, 시의원까지 싹쓸이할 때 보수세력은 앞으로 있을 선거에서 힘든 싸움을 할 것 같은 느낌이 팍팍 다가왔다.

지방선거에서 해괴한 일이 있었다. 같은 당 소속이면서 정책갈등으로 분열이 뭔지 확실히 보여 줬다. 더 이상 말하기조차 거북스럽다. 보수세력이나 한나라당 지지세력은 분통을 터뜨렸다. 누가 옳고 그름을 떠나 있을 수 없는 보수 분열을 보고 분노가 치밀었을 것이다. 죄 없는 당원들만 고래싸움에 새우 등 터지는 꼴이 되었다. 지금도 죄 없는 당원들만 입장이 곤란하다.

지난 이야기 해 봐야 죽은 자식 불알을 만지는 격이다. 부천시민, 당원은 공정한 경선을 보고 싶었지만 경선은 제왕적 당협위원장의 힘을 재확인하는 장이 되었다. 물론 다 그런 것은 아니다. 화끈하게 콕 찍어 준 데도 있고. 경선과정에서 '작전'이 안 들어간 곳도 있다. 경선에 참여한 후보자나 당원들은 이게 작전에 의한 경선인지, 공정한 경선인지 판단할 능력은 가지고 있다. 다만 권력자에게 말을 못하고 뒤에서 뒷담화만 까고 있다. 이런 것을 보고 정몽준 전 대표는 '당협이 사당화'되어서는 안 된다는 말을 했을 것으로 짐작한다. 공정한 경선이 아니라 작전에 의한 쇼라는 뒷이야기가 시간이 갈수록 여기저기에서 흘러나온다.

자신에 대한 처절한 반성 없이 쇄신을 부르짖으면 공허하다. 당원이 있어야 당협위원장이 존재할 수 있다. 코드 맞는 당원들로 구성하고 끌고 가고 싶지만, 고분고분한 당원들이 좋을 수 있지만, 비판, 쓴소리를 싫어하고 다르다는 것을 인정하지 않으면 편 가르기로 분열밖에 없다.

'한나라당스러움'의 요체가 뭔지 곰곰이 생각해 보고 쇄신을 했으면 한다. 감정싸움, 보복정치가 아닌 화합하는 보수세력을 보고 싶다. 인사청문회를 보고 도덕성보다는 역시 부패에 가까운 보수라고 할 것 같다. 보수세력은 반성하고 쇄신해야 한다.

민주당 지역위원장이 확정되어 정치활동을 하고 있다. 조직과 지지자의 열정이 섬뜩하다. 보수는 다시 뭉쳐야 한다. 과거를 잊고.

▌보수는 쇄신하고 반성하고 있나 공정한 사회, 소통, 참여…… 피부에 와 닿게

"로봇인사 맞습니다 맞고요."

이명박 대통령이 "앞으로 우리 사회 모든 영역에서 '공정한 사회'라는 원칙이 확고히 준수될 수 있도록 최선을 다하겠다."고 광복절 기념식사에서 말했다. 역으로 말하면 그동안 우리 사회가 공정하지 못했다는 것을 반증하는 것이라고 볼 수 있다.

특별사면에 포함된 정·재계 인사들의 면면이 국민 일반의 가치관이나 법 감정에 어울린다고 보기 어려웠다. 정치권 내부의 특정인 사면 요구와 반대가 빚어낸 신경전과 흥정을 보면서, 인사청문회에서 누가 봐도 고위공직자로서 자격 미달인사가 발탁되는 것을 보면서 우리가 사는 사회를 과연 '공정한 사회'라고 생각할 수 있을까.

이명박 대통령이 자녀 교육을 위해 다섯 차례 위장전입을 했다고 한 것을 비롯, MB정권 들어 전·현직 장관급 공직자 10여 명의 위장전입 사실이 드러났지만 임용되는 데는 문제가 없었다. 부끄러움과 죄의식 없이 고위직을 맡았다.

이 중에는 국가 법질서 유지의 총책임자인 법무부 장관과 검찰총장이 들어 있고, 지난해 취임한 대법관도 위장전입 사실을 시인했다.

MB정권이 법치를 외치고, 공정한 사회를 지향한다면 있어서는 안 될 일이다. 영(令)이 설 수 없는 게 대통령 본인이 법을 지키지 않았다.

위장전입은 누구나 할 수 있는 일이 아니다. 돈이 있어야, 정보가 있어야, 권력이 있어야 하는 기득권자들만이 할 수 있는 것이 위장전입이다. 위장전입을 할 수 있느냐, 없느냐에 따라 사회적 위치를 본인 스스로 파악할 수 있다. 위장전입했다면 분명히 상류층이다. 서민들에게는 위장전입은 언감생심이다.

물론 다 그런 것은 아니지만 인사청문회를 보면 위장전입은 물론 병역기피, 교묘한 부동산 투기, 논문표절은 필수과목이 되었다. 모범적인 모습을 보여야 할 지도자들이 법을 우습게 알고, 공정한 사회에 역행하는 일을 저지르고 있다.

부채질을 하면서 인사청문회를 보는 사람 중에 분통이 터져 부채를 던져 버릴 수 있다. 이 대통령이 공정한 사회를 천명한 것은 양극화 해소와 친서민 중도실용 정책을 집권후반기 최우선과제로 삼겠다는 의미 있는 일이라고 하지만 법을 우습게 알고 편법을 쓰는 사람들이 과연 양극화해소와 친서민 중도실용 정책을 펼 수 있을지 의문이다. 쪽방촌 투기한 사람이 장관되면 서민정책 먹혀들까?

'공정한 사회'가 제일 먼저 이루어져야 할 분야가 정치권이라고 생각한다. 사회 모든 영역에서 '공정한 사회'라는 원칙이 준수되기를 바란다면 정치인들이 솔선수범해야 한다. MB정권이 들어서고 나서 절차적 민주주의가 파괴되었다고 하는데, 오래전부터 사회 전반적으로 파괴보다는 교묘하게 악용하는 측면이 다분히 있었다.

'공정한 사회'를 만들기 위해 공정한 기회를 부여하고 공정한 규칙에 의해 움직이는 신뢰할 수 있는 사회를 만드는 것이 정치권의 과제이다. 절차적 민주주의를 악용하고 공정한 사회를 파괴하는 대표적인 것이 경선, 공모라고 할 수 있다. 형식적인 절차적 민주주의가 아니라 공정한 규칙에 의한 운영을 보여 주는 것이 무엇보다 중요하다. 그러나 정당이 형식적인 경선을 하면서 공천장사, 줄세우기를 한다는 비판을 귀가 따갑도록 들어도 변화는 것이 없다.

정당들은 6·2 지방선거를 위해 절차적 민주주의를 철저히 지키고 공정한 경선을 하겠다고 천명하였다. 지방선거가 끝났지만 불공정한 경선, 불공정한 당 운영으로 불협화음이 여기저기 터져 나와 당원들을 당혹케 하고 있다. 당협위원장이 공정한 경선을 하기보다는 '작전'으로 입맛에 맞는 후보를 내세웠다는 것이다. 경선 내면을 보면 공정한 경선이라고 쉽게 말 할 수 없을 정도다. '공정한 사회'는 딴 나라 이야기다.

공모와 경선에서 작전세력은 짜릿한 눈속임과 술수가 제대로 작동할 때 희열을 느낀다. '작전'에 성공한 쪽은 탄성을 지르면서 만족을 하고 반면 작전의 희생자는 작전세력에게 입에 담지 못할 욕, 야유와 손가락질을 한다. 눈치 없이 공모, 경선레이스에 뛰어들었다면 경선, 공모 쇼를 위한 엑스트라, 들러리가 될 각오 정도는 해야 한다.

당협위원장에 잘 보이면 그저 먹을 수 있는 로또 같은 O-가를 부여받을 수 있다고 생각한다. 시민에게는 누가 출마했는지는 알 것 없고 그저 ○번 찍으면 된다는 식이다. 실력이 있건 없건, 현 시장에 잘 보이거나, 로봇을 원격조종하는 숨은 실력자에게 잘 보이면 문화재단 상임이사 자리쯤 꿰찰 수 있다는 것을 보여 줬다. 공정(公正)은 존재하지 않는다는 것을 몸소 힘 있는 정치인들이 과시하고 있다.

문화재단 채용과정을 보면 공정한 사회, 소통, 참여하고는 거리가 멀다. 시민이 원하는 후보, 인사보다, '보은공천', '보은인사'가 판치는 사회를 '공정한 사회'라고 할 수 없다. '공정한 경선', '공정한 공모'라는 말을 쉽게 하지 않았으면 한다. 들러리 선 사람들이 역겨울 수 있다.

소통과 참여를 믿고, 더운 여름 전국 각지에서 응모한 26명은 어디에다 하소연하고 보상받을 수 있나. 이런 것이 소통과 참여이고 공정한 사회를 위한 길인가. 응모를 할 때 들러리 후보들을 세우는 사기성 공모라고 생각하지 않았기에 정성을 담아 서류를 제출한 응모자들의 상처 입은 마음을 어떻게 치유해 줄 것인가. 낙점 후 '공개모집' 절차를 밟는 위선적인 행동이 부천시민에게 부끄럽지 않은가.

"내가 주고 싶은 사람 공천 주는 데 뭐가 문제냐!", "내가 로봇인사를 하겠다는 데 뭐가 문제냐!" 힘 있는 정치인들이 이렇게 말하는데 누가 토를 달 수 있을까. 계란으로 바위를 치는 격이다. 당원들이, 시민들이 두 눈 부릅뜨고 보고 있어도 권력을 휘두를 뿐이다. 힘 있는 정치인들이 이렇게 하는 한 '공정한 사회'를 기대할 수가 없다.

서민들, 줄(백) 없는 사람들, 사회적 약자들이 경선에 뛰어들고, 공모에 응모하여도 실력으로 평가받을 수 있다는 것이 당연시되고, 패기와 용기로 누구나 도전할 수 있는 기회가 주어지는 사회가 '공정한 사회' 아닌가. 문화재단 상임이사는 든든한 줄을 가진 사람이 된 것 같다. 줄 없는 사람 서럽고, 슬프게 한다. 이럴 때 진보·개혁세력들이 한 마디 해 줬으면 좋겠다.

"사기공모 웬 말이냐."

우리 주변에서 일어나는 일을 보면 '공정한 사회'와는 한참 멀었다.

김만수 시장이 '소통과 참여'를 제대로 실천한다면, MB정권이 '공정한 사회'를 위한 노력을 한다면 부천시민은 정말 행복할 것 같다.

개그콘서트 '슬푸게 하는 세상' 코너에서 "줄(백)이 필요한 더러운 세상"이라는 말에 공감하는 청년들이 박장대소를 한다. 공정한 사회를 외치지만 이게 우리 사회의 현주소다.

▎'시정운영공동위원회' 누굴 위해(?)

꼭두각시 인형극, 재미있을까?

정치적 '허니문' 기간에 너무 까고 난장을 치는 것이 아니냐는 말도 있고, 속 시원하다는 분도 있다. 비판은 결코 달콤하지 않다. 권력 앞에, 조직 앞에 예스(YES)맨은 많아도 비판하는 사람은 드물다. 특히 권력 언저리에서 뭐 하나 얻어먹겠다는 생각을 가진 사람은 더 그렇다. 비판이 없으면 무소불위의 권력을 가진 사람은 안하무인이 되기 때문에 비판이 필요하다.

당이 다르고, 이념이 다르다고 무조건 후려치는 것은 아니다. 다르다는 것을 인정하면 된다. 그것이 진정한 소통 아닐까. 부천시민이라면 피부에 와 닿는 행정을 바랄 것이고 불편함이 있으면 민원을 제기하고 싶어 한다. 그러나 귀찮아서, 설마 수용될까 하는 자포자기에서 소통을 포기한다. 자기끼리 하는 소통을 늘 봐 와서 그럴 수도 있다. 정치라는 것을 서민은 없고 '기득권자들의 잔치'라고 치부하면 정치는 정말 난장판이 된다. 견제와 잔소리, 쓴소리를 해야 한다.

김만수 부천시장과 최순영 민주노동당 전 국회의원이 공동위원장을 맡고, 부천지역 민주당·민주노동당·국민참여당·진보신당 등야4당과 시민사회단체가 함께 하는 '부천시정운영공동위원회'가 17일 공식 출범했다고 한다. 시정공동운영위원회는 공약사항이었다. 김만수 시장은 내심 이 공약만큼은 지키고 싶지 않았을 것이다. 권력을 나눠 갖고 싶은 사람은 없다. 그런데 민주노동당, 국민참여당, 진보신당, 시민단체는 약속을 저버려도 되는 만만한 결성체가 아니다.

영조는 권력싸움 때문에 아들인 사도세자를 뒤주에 가두어 굶겨 죽였고, 인조는 아들인 소현세자를 미워했고 인조의 독살설이 거의 정설이 되었다. 권력 앞에서는 아들도 죽일 수도 있다는 것이다. 권력을 나눠 가지면서 시민과 소통하고 참여를 유도하겠다는 그들의 말에 부천시민은 얼마나 공감을 할까. 제발 자기들끼리 싸우지나 마라.

수렴청정을 하겠다는 것인지, 대리청정을 하겠다는 것인지, 아니면 시정공동운영위원회가 꼭두각시(string puppet) 놀이를 하겠다는 것인지 알 수가 없다. 손가락에 줄을 달아 하는 인형극 꼭두각시를 보라. 손가락이 열 개 아닌가. 우연치고 위원도 10명이다. 단순히 '옥상옥(屋上屋)'으로 군림하는 것이 아니다.

민주노동당 전 국회의원인 최순영 공동위원장이 "그동안 없었던, 그리고 세계에서도 없었던, 야권연대이고 법적인, 제도적인 뒷받침도 되지 않는 선거 모델"이라고 말할 때 김만수 시장은 겸연쩍어 참지 못하고 웃음을 터뜨렸다. 코미디 한 장면이나, 궁중 사극의 권력암투의 한 장면을 보는 듯했다.

민주·개혁·진보를 표방하는 정당과 시민사회세력이 민주주의 회복을 열망하는 시민들의 뜻에 따라 단일후보를 내세웠다고 했지만 민주주의의 회복을 열망하는 시민들의 뜻이 아니라 권력을 잡기 위해 뭉쳤다는 말이 맞다. 법 테두리를 벗어난 행동을 하면서 어떻게 민주주의, 시민의 뜻을 운운할 수 있는지 알다가도 모를 일이다.

정당의 사전적 의미는 정치권력의 획득을 목표로 정견을 같이하는 사람들이 공통된 정책에 입각하여 일반적 이익을 증진시키고자 결합한 정치결사체이다.

각기 다른 정강정책으로 뭉쳐진 정당이 자신들의 뜻에 맞는 정책을 공동으로 추진한다는 것은 어불성설이며 이념과 정책을 서로 달리하는 사람들이 모여 시정공동운영을 하겠다는 것은 있을 수 없는 일이다. 게다가 시민단체까지 끼여 있다. 무지렁이 부천시민을 너무 무시하고 얕보는 것은 아닐까.

정당의 정체성과 정책에 대한 책임성을 지는 게 정당이고, 그러라고 정당에 대해서 국고 보조금도 주고, 정당에 대해서 여러 가지 보호 장치를 주는 것 아닌가. 당원들은 허수아비인가. 지방권력 잡고 자리 배분할 때 한몫을 챙기겠다는 본심을 부천시민은 이젠 알았을 것이다.

최순영 전 국회의원은 '부천시정운영공동위원회'에 대해 설명하기가 애매했는지 스스로 "자문기구 같기도 하지만 운영도 같이 하는 이상스러운(?) 기구"라고 말했다. 옆에서 듣고 있던 김만수 시장은 '이상스러운 기구'라는 말에 당황스러워 애써 미소를 띠었다. '부천시정운영공동위원회'를 앞으로 '이상스러운 기구'로 불러도 무방할 것 같다. 공동위원장이 그렇게 말했으니.

야권 단일후보, 시정공동운영위원회, 듣도 보도 못한 희한하고 생소한 구호에 부천시민은 헷갈렸고 지방권력을 잡기 위한 술수라는 것을 너무 늦게 깨닫고 있는 것 같다. 권력욕 하나는 인정하고 싶다. 권력을 잡기 위해서는 수단과 방법을 가리지 않겠다는 비뚤어진 선거전략에 박수를 보내고 싶지 않지만 승자로서 승자독식을 만끽하고 있는 것을 보면 부럽기도 하다.

그러나 흉악한 계략으로 당선된 시장이나 시의원이 있다면 과연 떳떳하게 일을 할 수 있을까? 손바닥으로 하늘을 가릴 수는 없다. 공직선거법위반혐의로 기소된 사람도 있지만 그보다 더 도덕적으로나, 윤리적으로 이해할 수 없는 행동을 하고도 의원이 된 사람이 있다. 부천시민은 '나는 네가 지난 지방선거에 한 일을 알고 있다'며 지켜보고 있다.

과정이야 어찌됐든 결과만 좋으면 된다는 우리 사회에 만연한 의식을 특히 정치에서 엿볼 수 있다. 바른 정치를 위해서라도 시민들은 어떻게 시장이 되었고, 시의원이 되었는지 알 필요는 있다. 뒤통수나 때리고 권력자에게 아부하면서 정치를 하는 사람과 부천시를 위해 정치를 하는 사람 정도는 구별할 줄 알아야 한다.

'부천시정운영공동위원회' 공식 출범식에서 김만수 시장은 많이 웃었다. 겸연쩍었든, 황당했든 간에. 부천시민도 웃게 해 달라. 자기들끼리만 권력 나눠 가졌다고 좋아서 웃지 말고.

▮서민은 물 폭탄, 의원은 선물 폭탄

의원님은 복구 작업 때 어디에?

한가위를 앞두고 부천시장은 상인들의 애로사항을 청취하고 시정에 적극 반영하고자 관내 전통시장을 방문하였고, 국회의원도 시의원을 비롯한 당원들과 함께 전통시장을 방문하여 모처럼 서민경제를 몸소 느꼈다. 고유명절 때만 되면 으레 위정자들은 전통시장을 찾는다. 20일까지는 한가위 분위기였다.

추석 연휴 첫날인 지난 21일 강타한 기습 호우로 오정지역에 시간당 86mm의 폭우가 쏟아지는 등 부천관내 곳곳이 침수되고 교통이 통제되는 상황이 발생하자 김만수 시장은 바로 침수현장으로 달려가 피해상황을 점검했다. 국회의원, 도의원, 시의원들은 어디서 무엇을 했는지 모르지만 김만수 시장은 '물 폭탄'에 망연자실한 시민을 위로하고 대책을 강구했다.

국회의원, 도의원, 시의원이 피해를 본 지역 주민을 위해 몸소 복구 작업을 도와주고, 가까이에서 위로를 했다면 '진짜 머슴'이었을 것이고 나 몰라라 하고 고향 앞으로 혹은 사적인 일을 본 위정자는 말뿐인 머슴이라고 볼 수 있다. '진짜 머슴'은 힘들고 어려울 때 몸과 마음을 같이하는 것이다. 생색내기 위해 고유명절 때 전통시장 한 바퀴 도는 것보다, 의정보고서 돌리는 것보다 백 배 가치 있는 일이다.

'더도 덜도 말고 오늘만 같아라.'라는 추석 명절에 뜻하지 않은 재난을 당한 이재민에게 위로 할 말이 없다. 수도 서울의 한복판인 광화문 일대가 침수된 가운데 주택과 도로가 잠기고, 전철이 멈췄으며, 전기가 끊겼다. 태풍이나 예상치 못한 폭우에 상습 침수 지역이나, 반지하 주택에 사는 서민층의 피해와 고통은 이루 말할 수 없다. 자연재해에 경제적 약자들의 손해가 컸다.

쪽잠을 자야 했고, 새벽부터 침수된 집에 나와 살림살이 복구에 매달렸다. 집에 물이 너무 많이 차 가족끼리 추석 당일 불안한 마음으로 찜질방에서 보낸 이도 있었다. 상습 침수 지역에 벗어나 다른 곳으로 이사 가고 싶어도 서민들이 가진 돈으로 이사 갈 곳은 없다. 지구온난화 탓으로, 이상기후(異常氣候)는 더 큰 고통과 시련을 줄 것이다.

반지하 주택에 사는 서민층은 추석이라고 해서 제대로 된 선물을 받아 보지 못했다. 반면에 국회의원, 도의원, 시의원, 고관대작 집에는 가히 선물 폭탄이었다. 높으신 사모님들은 집을 비울 수 없었다. 추석 선물 택배가 경비실에 쌓이면 주민들의 눈치가 보인다. 특히 선출직 의원들은 밀려오는 선물꾸러미가 반갑지만 주위의 눈을 의식하지 않을 수 없다. 여의도 국회의원 회관 사무실, 지역구 사무실, 집으로 오는 택배 선물은 셀 수 없을 정도였다.

전통시장에서 장사하는 분들 중에 반지하, 저지대 주택에서 어렵게 사는 분들이 많다. 주차장 조성, 아케이드설치, 화장실신축으로 노후된 시장의 이미지에서 벗어난 곳이 많다고 하지만 경기침체, 대형마트 진출 등으로 어려움에 직면해 전통시장 상인들은 고달픈 생활을 하고 있다. 민속고유명절 추석을 앞두고 시끌벅적한 인파소리에 시장이 떠들썩해야 하는데 예전 같지가 않았다.

전통시장 상인들은 알고 있었다. 아파트 경비실에서 주인을 기다리는 추석 선물이 어디서 오는지. 위정자들이 전통시장을 찾아도 반갑지 않은 이유가 여기에 있다. 전통시장 상인들의 속이 새까맣게 타들어 갔었다. 배송까지 해 주는 백화점이나 인터넷 쇼핑몰이 편하고 좋다는 것은 알지만 있는 사람들이나 위정자들이 대형 유통업체보다 전통시장을 이용하면 전통시장이 이렇게 썰렁하지는 않았을 것이다.

전통시장도 배송까지 하는데 속사정이 있는지 위정자들은 전통시장에서 선물용을 구입하지 않는다. 노출될까 봐 그러나? 선거법 위반이라고 하지만 할 사람은 다 하고 있다. 알게 모르게. 주변인, 비주류는 선물을 기대할 수 없지만 "내가 누군데." 하는 사람은 큰 선물을 받았을 것이다. 위정자로부터 산삼이나 송이버섯 등 고가의 선물을 받은 분들은 본인 스스로 대단한 끗발을 가지고 있다고 판단해도 무방하다.

의원들은 선물 받은 것을 다시 돌리기도 하지만 선물을 직접 구입하기도 한다. 물론 선물 구입비는 최측근만 안다. 선물을 주고받는 사이에 인맥이 쌓이고 은밀한 거래는 서로의 발목을 잡는다. 공천 안 주면 터뜨린다는 사람이 그래서 생긴다. 위정자들은 보내는 선물에도 등급이 있다. 비싼 선물을 받았다면 관리대상(끗발 있는 사람)이고 그렇고 그런 선물이면 인사치레다.

산하기관 및 유관단체에서 주는 선물을 정중히 고사하지 않은 의원들은 선물 폭탄을 받았을 것이다. 선물 꾸러미를 들고 고향 찾을 때 서민들은 물 폭탄에 생활 터전을 잃었다. 피감기관에 명절 선물을 받은 의원은 본분을 망각한 것이다. 시민을 위한 날카로운 화살을 겨눌 수 있을까?

추석 전 전통시장 돌아다니며 의정보고서 돌리고, 선거철 머슴이 되겠다고, 사회적 약자 편에 서겠다는 위정자들은 피해 복구 작업을 할 때 어디서 무엇을 했는지 묻고 싶다. 물 폭탄에 고통스러워하는 시민들을 보면 선물 폭탄을 받은 손이 부끄럽지 않은가?

고유명절 추석을 앞두고 서민들은 물 폭탄에 가슴이 미어졌고, 의원은 선물 폭탄에 배지의 위력을 느꼈을 것이다. 기습 호우는 어찌해 볼 수 없는 불가항력(不可抗力) 측면이 있지만 이재민들이 고통과 상처를 더는 안 받도록 주위 사람들의 노력이 필요하다.

이럴 때일수록 시민의 대표인 의원들이 발 벗고 나서서 도움을 줘야 한다. 혈세를 받아가는 만큼 되돌려 줘야 하지 않을까? '가짜 머슴'보다 '진짜 머슴'을 지역주민들은 원하고 있다.

납량특집에 나오는 구미호와 소통했나

부천무형문화엑스포, '누구 맘대로 축소, 폐지(?)'

등줄기를 타고 흐르는 땀을 어찌할 수 없는 여름이다. 여름을 지내는 방법은 사람마다 다를 것이다. 스포츠 마니아로서 내리쬐는 태양볕 아래 얼굴이 시커멓게 타든 말든 운동 후 시원한 맥주나, 수박의 꿀맛을 못 잊어 테니스를 즐기고 있다. 얼굴이 시커멓게 타들어가도 내 속만큼 숯덩어리처럼 새카맣게 탔으랴. 뒤통수 제대로 한 대 맞았다.

루저(낙천자)는 당협위원장이 본인의 장래를 걱정, 공천이 아니라 사천(私薦)을, 당협위원장의 사감, 친소관계, 이해관계에 얽힌 제 사람 나눠 먹기식, 줄 세우기에 의한 공천이라고 비판을 했지만 무서운 권력 앞이라 찻잔 속의 태풍이 되어 버렸다.

나름대로 공정(?)한 경선으로 당에서 공천 받은 사람들이 출마하여 부천시민들로부터 선택을 받아 선출된 의원, 시장은 더운 여름임에도 불구하고 부천시민을 위해 구슬땀을 흘리고 있다고 한다. 냉방시설이 잘 되어 있어 구슬땀을 흘리기 보다는 난마처럼 꼬이고 얽힌 현안에 진땀을 흘리지 않을까.

부천소식을 인터넷신문으로 접하고 있지만 솔직담백하고 화끈한 이야기는 트위터에서 떠돈다. 트위터에서 관심을 끄는 핫 이슈는 '부천무형문화엑스포', 차명진 의원 '황제의 식사'다. 온라인에서 차명진 의원 검색어 1위까지 올랐다. 정치인은 자신의 부고 외에는 어떻게든지 신문에 나는 것이 좋다고 하지만, 이번 건은 누리꾼의 광적인 공격에 속수무책일 것 같다. 토씨 하나에 진보 누리꾼들이 들불처럼 일어났다.

누리꾼들의 '황제의 식사' 글에서 '부천무형문화엑스포'로 관심을 돌렸다. 김만수 시장이 시장후보 시절 부천시정 3대 실정(失政)으로 부천무형문화엑스포 규정하고 시민소통, 시민참여자치행정을 기치로 부천시정의 새로운 지평을 열어 나가겠다고 한 것이 엊그제 같은데 예산 축소하고, 개최 일수 축소하고 내년에는 폐지까지 하겠다고 한다.

어안이 벙벙하다. 오만과 독선에서 비롯된 먹통, 울화통, 고집불통의 행정이 아닌 시민소통으로 시정을 펼치겠다고 했는데 소통의 절차 없이 부천무형문화엑스포 축소, 폐지 어떻게 결정한 것인가. 누구하고 소통했는가. 자기들끼리 소통한 것인가. 여름이라 납량특집에 나오는 구미호하고 소통한 것인가.

트위터에 이런 글이 있었다.

"현 시장은 '욕하면서 배운다'는 옛말을 어쩌면 그리도 똑같이 답습하는지 모르겠다."

내가 하면 로맨스이고 남이 하면 불륜이라고 흔히 말한다. 내가 하면 투자이고 남이 하면 투기라고 한다. 소통에 설렜는데, 참신함에 기대했는데 소통 없는 독선에 속았다는 느낌이 밀려온다. 소통을 믿고 시장으로 선택한 부천시민은 현란한 정치적 수사에 배신감을 느끼지 않을까.

옳은 판단과 행동은 전체적인 통찰과 균형 잡힌 사고에서 시작된다. 자기만의 가치에 사로잡힌 편향적 사고에서는 이를 기대할 수 없다. 한 달 동안의 인수위에서 어떻게 검토를 했는지 모르겠지만 전 시장의 치적을 무조건 갈아엎겠다는 위험한 발상은 안 했으면 좋겠다. 부천시민을 위해, 부천시를 위해. 마음의 여유를 가지고 소통을 통해 시(市)의 사정을 헤아리고 배려할 때 불필요한 시민 간의 갈등을 피할 수 있다고 본다.

지방선거로 시장이 바뀔 때마다 정책 뒤집기로 사업이 바뀌고 중단된다면 이에 따른 행정적·재정적 낭비는 누가 책임질 것인가. 혈세를 헛되이 낭비해서는 안 된다. 소속 정당이 다른 전임자의 정책이었다고 해서 무작정 배척한다면 행정에 대한 신뢰마저 떨어뜨릴 수 있다.

지자체사업은 연속성이 있어야 한다. 부천무형문화엑스포는 어느 날 갑자기 떨어진 사업이 아니다. 오랜 기간 논의가 이뤄졌고 이 과정에서 많은 이해관계자들이 만들어졌다. 그런데 지방권력이 바뀌었다고 갑자기 사업이 중단되면 여기에 관계된 사람들에게는 날벼락이 아닐 수 없다. 치졸한 정치적 보복이라고 단정해도 부인할 수 없을 것 같다.

김만수 부천시장은 포스트잇 소통, 시민과의 대화를 통해 시민의 다양한 요구와 시민이 진짜 바라고 있는 것이 무엇인지 생생한 현장에서 느끼고 시민의 뜻이 시정에 반영되는 시민 참여 행정을 구현해 나갈 것이라고 홍보하고 행동을 하고 있는 것으로 알고 있다. 부천무형문화엑스포를 포스트잇 소통으로 결정하지 않는 이유가 뭔가.

객관적이고 공정한 기준에 의한 평가 없이, 소통 없이 기존 정책과 사업을 예산 축소하고, 개최 일수 축소하고 내년에는 폐지하면 정치적 보복, 치적 갈아엎기, 오만과 독선의 시장으로 멍에를 쓸 수 있다. 시민중심 문화특별시 슬로건에 걸맞은 시정을 바란다. 부천무형문화엑스포를 기대하면서 더위를 이겨 내고자 하는 시민이 많다는 것을 잊지 않았으면 한다.

　딸아이와 부천무형문화엑스포를 관람하며 즐거운 시간을 가졌었다. 축소, 폐지되면 문화도시 부천이라는 도시에서 무슨 문화를 보여 줄 수 있을까? 정치적 판단과 해석으로 커 가는 아이들이 전통문화 체험으로 얻을 수 있는 꿈과 희망을 빼앗는 것은 아닌지 모르겠다.

▌공기업 직원들 배불리다 이제 와서……

LH 경영난에 죽어나는 것은 서민

한국토지주택공사(LH)가 성남 구시가지 재개발사업을 중단한다고 발표할 때 성남시가 LH와 국토해양부에 대해 모라토리엄을 선언한 데 대해 LH가 보복에 나선 것이라는 정치적 해석이 있었다. 반면, LH는 부동산 경기 침체로 사업성이 악화된 데다, 자금난까지 겹쳐 더 이상 사업을 추진할 수 없게 됐다는 것을 명확히 했다.

사실 LH 부채문제는 어제오늘 일이 아니다. LH가 통합하기 전인 토지공사와 주택공사 시절부터 부채문제는 매년 국감 때마다 나오는 단골메뉴였다. 정치권에서 현실적인 대안 없이 지적만 하다가 곪을 대로 곪은 문제가 이제야 터진 것이다.

한국토지주택공사(LH)가 전국 414개 사업장을 대상으로 '퇴출 지구' 선정 작업을 벌이고 있는 가운데 경기도 내에서도 적지 않은 사업장이 구조조정대상이 될 것으로 예상을 했지만 부천이 포함될지는 몰랐다. 불난 옆집 불구경하다가 우리 집까지 옮겨 탈 줄은 몰랐던 것이다.

김만수 시장은 "LH에서 시행하는 부천지역 사업 중 옥길동 보금자리 주택사업과 범박국민임대 주택사업은 정상적으로 추진될 것이나, 괴안 11B구역 주택재개발사업은 포기하고, 오정물류단지 조성사업은 시행이 순연될 것으로 예상된다."고 밝혔다. 지방재정이 나빠 신규 사업을 할 수 없는 부천에 또 다른 악재가 터졌다.

이지송 LH공사 사장은 "공기업인 LH의 설립 목적은 서민을 보살피는 것"이라고 전제한 뒤 "(사업구조조정의) 파장이 클 것으로 예상되는 만큼 서민들에게 피해가 돌아가지 않도록 대책을 마련하고 있다."고 밝혔다. LH가 땅이나 집을 팔아 자금을 회수해야 하는데 좀처럼 미분양이 줄지 않고 있는 실정에 뾰족한 대안이 나올지는 지켜봐야 할 것 같다.

이지송 LH 사장은 "과거 정권 10년간 포퓰리즘, 즉 대중인기 영합주의에 의해 전국에 무분별하게 개발말뚝을 박아 온 후유증"이라고 했다. 이에 반해 참여정부 시절 국토해양부 장관을 지낸 이용섭 민주당 의원은 "현 정권이 공기업선진화 성과에 급급해 주공, 토공을 무리하게 통합했기 때문"이라고 강변했다. 어찌됐든 무리한 개발정책으로 서민들만 피해를 입고 국민들은 혈세가 줄줄 새는 것을 보고만 있어야 한다.

부천무역개발(주) 지방공기업이 있었던 것을 기억한다. 애물단지 공기업, 실패한 공기업으로 각인돼 있을 것이다. 부천시가 시 관내 중소기업제품의 수출판로 개척 등을 목적으로 14억 7천여 만 원의 출연금을 투자해 실립한 부천무역개발(주)가 설립 7년여 만에 출연금 내 부분을 날린 채 문을 닫았다.

혈세를 낭비해도 어느 누구 책임지는 사람 없었고, 기초지자체 산하 개발공기업 설립 추진을 하려고 했다. 중앙의 공기업 못지않게 지방공기업에 문제가 많다. LH 문제로 지방공기업을 재점검할 수 있는 계기가 되었으면 한다. 중앙의 공기업에 비해 지방공기업에는 중앙정부, 언론 등 외부의 감시는 약한 반면 단체장 등 공무원의 입김은 훨씬 강하다. 지방공기업의 운영 시스템은 단체장의 성향에 달려 있다.

지방공기업 비리와 도덕적 해이(解弛)는 갈수록 지능화되고 있다. 보은에 의한 낙하산 인사, 지역에 있는 분들의 친인척 특혜 입사(入社), 실적 부풀리기, 접대비 흥청망청 쓰기, 일없이 놀러 가는 출장은 뉴스감도 아니다. 감사에 의하면, 노사가 뒤로 손을 잡고 국민 세금을 공공연히 도적질하고 있다고 한다.

지방공기업의 사장직을 현직 공무원이 겸임하는 사례도 있고 감사는 대부분 현직 공무원이 맡고 있으며 이사회도 공무원이 좌지우지하는 데도 있다고 한다. 지방공기업이 성공하기 위해서는 단체장이 지방공기업의 성과에 관심을 갖고 제대로 된 최고경영자(CEO)를 임명해야 한다.

김만수 시장은 "시설관리공단이 투자비용에 대비해 효과가 얼마나 있나까지도 면밀히 검토하겠다."고 했다. 지방공기업(공단) 성공은 단체장이 지방공기업(공단)의 성과를 합리적으로 평가하고 잘못된 것을 얼마나 과감하게 개혁하느냐에 달려 있다고 볼 수 있다.

김만수 시장은 간부들의 전 직 시의원, 퇴직공직자, 정당인사로부터 시작해 종사원까지 이른바 부천의 힘 있는 인사들과 관련이 있는 사람들로 채워졌다는 발언을 한 적이 있다. 이러니 공단이 제대로 운영되기를 바라는 것이 망상이다. 시설관리공단이 '보은 인사 공단'이라는 오명을 씻을 수 있도록 해야 한다. 명분 없는 낙하산 인사는 이젠 그만해야 한다.

부천시설관리공단의 현주소는 부천시민들이 더 잘 알고 있다. 부천시민을 위한 지방공기업(공단)이 되도록 확고한 의지만큼 결과물이 나왔으면 한다(공기업은 영리를 추구하지만 공단은 비영리로 운영돼 그 설립 목적과 성격이 다르다는 점은 있음).

경기 좋을 때는 직원들 배불리다가 악화되면 고통을 서민에게 돌려 죽어나는 것은 서민들이다. 지방공기업(공단) 구조조정, 재정건전성 강화를 하지 않으면 부천시민은 지방재정 기반이 취약하다는 김만수 시장의 말에 동조하지 않을 것이다. 또한 공기업의 책무를 저버렸다고 한국토지주택공사(LH)를 비난할 수 없을 것이다.

김만수 시장은 지방재정 위기 해소를 위해 도의원과 자장면을 먹어 가면서 도비 확보를 부탁했다고 한다. 재정난 해소를 위해 불필요한 사업을 구조조정하겠다는 의지와 공약(公約)을 지키기 위해 노력하는 모습은 보기 좋다. 그러나 지방재정 탓으로 돌려 공약(公約)이 공약(空約)되지 않길 바란다.

재원 부족을 자꾸 언급하는 것을 보면 변명거리를 찾고 있는 것은 아닌지 의구심이 들 때도 있다. 부천의 지방재정을 모르고 공약(公約)을 만들지는 않았을 텐데…….

최주철 ──────────

1970년 통영에서 태어났습니다. 유치환, 김춘수, 박경리 예술인이 태어난 곳이기도 합니다. 통영은 걸출한 문화예술인을 많이 배출한 도시입니다. 동양의 나포리라고 불릴 만큼 자연의 아름다움은 어느 곳과 비교할 수 없을 정도입니다. 스포츠를 좋아하는 스포츠 마니아였을 뿐 글쟁이는 아니었지만 통영에서 자란 환경의 영향을 많이 받아 진취적인 기상과 예술성이 풍부한 '통영기질'이 늘 꿈틀거렸습니다.

호주에서의 최주철은
호주 시드니에서 5년 동안 공부를 하였습니다. 전공은 영상연출이었고 부전공은 사진이었습니다. 학생시절 영화에 꿈을 가지고 많은 영화를 보았고 무엇보다 20대 청춘을 보낸 곳이라 호주는 잊을 수 없는 추억의 나라입니다. 달링하버(Darling Harbour)를 거닐면서 꿈을 키웠던 것 같습니다.

부천에서의 최주철은
2004년 7월 원미갑 당원협의회 조직부장으로 활동을 하면서 인생의 궤도가 바뀌었습니다. 현실정치를 하면서 세상이 만만치 않다는 것을 알게 되었고 어려운 여건 속에서 묵묵히 꿈을 좇고 있습니다. "끊임없이 실패의 위험을 감수하는 사람만이 진짜 예술가다", "항상 갈망하고, 항상 무모하라(Stay hungry, stay foolish)"는 스티븐 잡스의 말이 자극하고 심장을 뛰게 합니다.

소와 관련된 고사성어 중에 소의 걸음으로 느리지만 천천히 목표를 향하다 보면 만리를 간다는 뜻의 '우보만리(牛步萬里)'가 있고 호랑이처럼 모든 상황을 잘 주시하되 실제 행동은 소처럼 신중히 하라는 호시우보(虎視牛步)가 있습니다. 느리지만 한 걸음 한 걸음 꿈을 좇아가겠습니다.

『몽돌이 영화에 빠졌을 때(When MongDol fell in a movie)』
『최주철의 영화로 보는 세상 "인생은 아름다워"』

http://blog.naver.com/d8367

초 판 인 쇄 | 2011년 12월 2일
초 판 발 행 | 2011년 12월 2일

지 은 이 | 최주철
펴 낸 이 | 채종준
펴 낸 곳 | 한국학술정보㈜
주   소 | 경기도 파주시 문발동 파주출판문화정보산업단지 513-5
전   화 | 031) 908-3181(대표)
팩   스 | 031) 908-3189
홈 페 이 지 | http://ebook.kstudy.com
E - m a i l | 출판사업부 publish@kstudy.com
등   록 | 제일산-115호(2000. 6. 19)

ISBN   978-89-268-2838-0 03340 (Paper Book)
          978-89-268-2839-7 08340 (e-Book)